2017 年上海市哲学社会科学规划教育学一般项目（A1713）
2015 年上海市学校艺术科研一般项目（C63）
上海第二工业大学青年教师培养科研重点项目
上海第二工业大学公共关系学学科建设项目

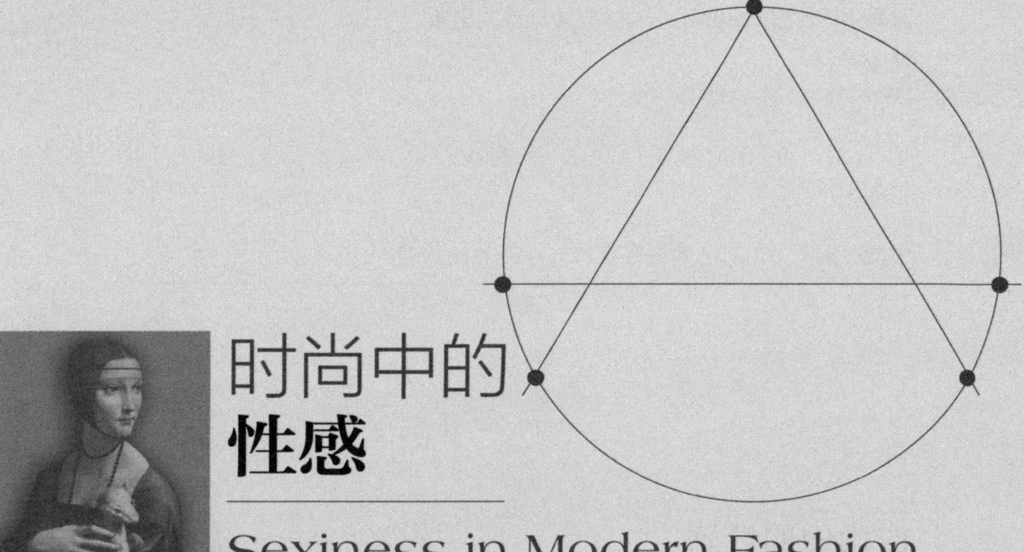

时尚中的性感

Sexiness in Modern Fashion

徐蕾 ◎著

中国戏剧出版社

图书在版编目（CIP）数据

时尚中的性感 / 徐蕾著 . —北京 : 中国戏剧出版社 , 2019.8
ISBN 978-7-104-04827-5

Ⅰ . ①时… Ⅱ . ①徐… Ⅲ . ①美学—研究 Ⅳ . ① B83

中国版本图书馆 CIP 数据核字 (2019) 第 135658 号

时尚中的性感

责任编辑：黄艳华
装帧设计：任杰文
责任印制：冯志强

出版发行：中国戏剧出版社
出 版 人：樊国宾
社　　址：北京市西城区天宁寺前街 2 号国家音乐产业基地 L 座
网　　址：www.theatrebook.cn
电　　话：010–63381560（发行部） 010–63385980（总编室）
传　　真：010–63383910（发行部）

读者服务：010–63387810
邮购地址：北京市西城区天宁寺前街 2 号国家音乐产业基地 L 座 (100055)

印　　刷：鑫海达（天津）印务有限公司
开　　本：787mm × 1092mm　1/16
印　　张：12
字　　数：200千
版　　次：2019年8月　北京第1版第1次印刷
书　　号：ISBN　978–7–104–04827–5
定　　价：58.00元

目 录

CONTENTS

导 言

时尚瞬息万变，只有风格永存。

——嘉柏丽尔·香奈儿[①]

从勒兹匹格的维纳斯雕塑，到法国画家弗朗索瓦·布歇笔下《躺在沙发上的奥达丽斯克》，从画册上维多利亚时期身着紧身胸衣的贵妇，到《男人装》封面上的模特群像，再到当代网络经济下，网红宝贝们的“尤物”照片，“身体”的直观形象总是带着我们难以言说却又无法抗拒的魅力，这就是“身体”的重要特征——性感。

性感，作为“身体”最重要的特征之一，体现着性的魅力，即两性之间性的吸引力，也是一种通过“身体”呈现的欲望表达。这种性的吸引力建立在人最自然的本性，即人类的自然属性——性本能之上。伴随着人类的生存繁衍，它具有了超越历史和文化的普适性特征。

另外，性感也受到人类历史发展过程中社会性因素的影响，是社会文化的产物。这一点正如马克思所言，“五官感觉的形成是迄今为止全部世界历

① 嘉柏丽尔·香奈儿（Gabrielle Chanel，1883—1971），法国著名时装设计师，她设计的紧身衣、喇叭裤、超短裙长期流行于巴黎和世界各地，并创办香水生产厂，生产有名的香奈儿 5 号香水（Chanel No.5）。

史的产物”[①]。而时尚因其“切身性”，可能就是影响性感最为重要的社会性因素之一。

时尚，也被称为流行的风尚，在大众眼中，它是“最新”的事物，是“时代精神”的指示器。它集中地体现在人们的时装、化妆、发型等对身体的装饰上，与“身体”有着千丝万缕的联系。除了大众的衣着实践，时尚还广泛地发生在人们日常的审美经验当中，在建筑、装潢、电影、文学等艺术的广阔领域内都普遍存在。这种始于西方文艺复兴时代的现代时尚，被认为是对现代文明影响最为深远的现象之一。[②]时尚由此作为一种精神性、理念性的价值被重视；而它所呈现出的一种永远求新求变的面貌特征，则被认为正是工业化资本主义生活永不停息的变化欲望的反应。[③]可以说，时尚作为现代社会大众日常生活及其精神世界的一种表现形态，已经成为一种文化现象，并具有了构建的力量。在当代，时尚正不知不觉地改变着人们的所见所闻、日常行为、生活态度和价值观念，甚至在更深度的层面上重新塑造着人们的生存状态。

也许从一开始，时尚的原初目的就在于通过对身体的装饰来突出性的魅力，吸引异性的关注。在之后的发展中，这个目的也一直伴随着时尚的演变，指引着时尚的发展方向。可以说，性感是时尚表达的重要内容。但同时，时尚也通过对身体的装饰风尚左右着性感的表达方式，使得性感的感性表现形式随着时尚的变迁而变化。时尚，以“身体”为中介，表现着性感，同时也塑造着性感。

在当代的时尚文化中，时尚大肆宣扬着性感，试图用其普适性的吸引力来壮大自己。性感越来越受到大众的崇尚，亦成为大众争相模仿的焦点。时

---

① ［德］马克思：《1844 年经济学哲学手稿》，中共中央马克思恩格斯列宁斯大林著作编译局译，人民出版社 2000 年版，第 87 页。

② ［挪威］拉斯·史文德森：《时尚的哲学》，李漫译，北京大学出版社 2010 年版，第 1 页。

③ Wilson，E.: *Adorned in Dreams: Fashion and Modernity*. London: Virago, 1985, p.63.

尚愈发强调其性感诱惑的特征，在时装风格、身体形象和艺术行为中都张扬着性感的意味。而性感的表达也在积极向时尚靠拢。性感借助时尚的方式来表达自己，用其变动不居的特点来保持自身的永恒魅力。这正体现了二者之间的关系，相互作用又相互影响：性感决定了时尚的重要内容，时尚左右着性感的感性形式。

一、时尚研究中的性感

大概从十九世纪中期之后，开始有西方学者着手对时尚进行研究。因为时尚体系涉及制造业、市场、设计、消费、媒介作用等诸多领域，所以对时尚的研究非常庞杂。不同领域的学者选择了不同的视角对其进行研究，包括从人类学、社会学、风俗学、女性主义、传播学等角度来探讨，使“时尚”的定义呈现出多样化的倾向。

研究视角的不同，关注的中心问题也有差别。人类学试图为时尚寻找放之四海皆准的本质及规律，将其确立为普遍性的术语；社会学则将时尚视为伴随着现代社会出现的某种具体的社会生活的形式。风俗学热衷于探究时尚与习俗的联系和区别；女性主义侧重于时尚体现出的性别差异以及对女性气质的建构；传播学则最终聚焦在时尚的发展变化与媒体的相互作用上。但总的说来，学术界对时尚的研究形成了两条侧重不同的思路。第一条是将时尚理解为衣着体系，从时尚体系内在的逻辑性出发，探索时尚的产生、传播与变化是否存在着一种或若干种基本规律或体制，从而理解一个时代的精神潮流、政治形态与生产力发展水平。这是有关时尚的社会历史研究思路。第二条是将时尚理解为符号系统，从时尚的目的入手，将衣着和时尚系统看作人类自我表达和交流的手段，重点分析时尚的话语机制和时尚所构成的思维模式，以及时尚在其意识形态表述之外，是否能为消费者提供自由、逃避与抵抗的资源。这也是有关时尚的社会交流研究思路。

在对时尚的研究中，很多学者都注意到了性感的问题，以及性的魅力、吸引力、诱惑力与时尚之间的关系问题。弗吕格尔从服装出现的原因出发，确立了性感在时尚中的核心地位。他认为，衣着和装饰品出现的原因，也就是人类装饰自己的原因，正是出于对性感的炫耀。在他之前的人类学家对这个问题主要有两种解释：保护说和羞耻说。保护说认为，人类有许多基本的需求，其中最基本的一种是保护身体免受外物环境的侵害，衣着和装饰品的出现正是基于这种对身体保护的需求。但是，当有学者举出一个基本事实：在西方传统以及非西方的文化中，都有很多衣着风格并不实用，甚至会引起身体的疼痛和不适，令保护说受到质疑。羞耻说则提出穿衣是为了遮蔽性器官。不过人类学的证据已经表明并不存在普遍的羞耻观，是否感到羞耻在不同文化中的情况很不相同，这使羞耻感作为衣着产生的基本趋力的学说也出现了问题。弗吕格尔并不拒绝保护说和羞耻说，但认为穿衣和装饰是源于性感炫耀的解释更有意义。正如在习惯裸体的民族中，只有在刻意强调性感诱惑力的时候，才会对身体进行遮挡或装饰。他运用弗洛伊德的精神分析方法，进一步提出，衣服表达了两种互相矛盾的倾向：既是羞耻感的表现，又是炫耀欲的实现，他还认为衣着本身就可能是性器官的象征。[①] 在弗吕格尔的时尚理论中，体现于衣着的时尚成了性器官的象征，时尚始终带有性感的意味。

拉弗在解释时尚变化发展的原因时提出，存在一种统治女性时装的单一规则，叫作“勾引原则”[②]：女性时装的设计就是为了增强女性对于男性的性吸引力。而男性的服装不像女性服装那样频繁变化，是受到“等级制原则”的统治：男性服装的目的是为了增强他们的社会地位。然后，拉弗用“移动的性感部位”的理论来解释女性时装的频繁变化的原因。在不同的时期，女性时装展现、凸显、强调女性身体的不同部位，这是为了让男性对女性的欲望始终保持亢奋状态。他举例说，19 世纪 20 年代，男性迷恋着女性的腿部，到了 30 年代，女性服装便做出了相应的转变，令男性的注意力从女性的腿

① Fl ü gel, J.C.: *The Psychology of Clothes*.London:Hogarth Press, 1930, p.20–21.

② Laver, J.:*Modesty in Dress.* Boston：Houghton Mifflin Co, 1969, p.11.

部转移到背部，这种转变的目的就是为了维持女性对男性的性感吸引力。在拉弗的理论中，性感是统治女性时尚的原则，保持性感的魅力是时尚变动不居的原因。

斯蒂尔在对维多利亚时期的女性服装，特别是紧身胸衣进行研究之后，开始注意到时尚中的肉感炫耀成分。她提出传统上对维多利亚时期女性在性和社会方面受压抑的论断应该被修正，“维多利亚时期的时尚与当时的女性美的观念有关，在这种女性美的观念中，肉感占据着很重要的位置”[①]，因此在这方面，19 世纪和 20 世纪的时尚之间实际上存在着比以往认为的更多的延续性。这种肉感炫耀的性感展现，是维多利亚时期女性服装不应被忽视的重要特征。

除此之外，还有一些时尚研究的理论也涉及性感时尚的内容。例如，威尔逊认为时尚具有“挑逗性和狡黠性的本质”[②]，同样突出了时尚在本质上的性吸引特征。

但是，这些对时尚的探讨都有着共同的局限性：他们试图建立一些宏大的理论体系，来寻找一种对于身体装饰和时尚的无所不包的解释，结果却往往将复杂的时尚系统简单化为一系列的因果关系，导致了过于机械的决定论倾向。[③] 正如乔安妮·恩特维斯特尔在《时髦的身体》中指出的，这些代表性的理论一经提出，便出现了与之相反的竞争性的理论与观点。她认为，推动时尚变化的原因相当复杂，以至于任何以“为什么变化”为出发点的时尚理论在方法论上都是幼稚的。[④]

尽管这些时尚研究的理论对时尚历史作出了一种单一性、机械化的解释，

① Steele, V.: *Fashion and Eroticism: Ideals of Feminine Beauty from the Victorian Age to the Jazz Age*. Oxford: Oxford University Press, 1985, p.3.

② Wilson，E.: *Adorned in Dreams: Fashion and Modernity*. London：Virago，1985, p.58.

③ 有关性感时尚的研究的论述，参见［英］乔安妮·恩特维斯特尔：《时髦的身体：时尚、衣着和现代社会理论》，郜元宝等译，广西师范大学出版社 2005 年版，第 67—94 页。

④［法］罗兰·巴特：《流行体系——符号学与服饰符码》，上海人民出版社 2000 年版，第 78 页。

但其中对性感与时尚的关系确有突破性的探讨，特别是帮助我们更清晰地认识了“时尚”“身体”“性感”之间微妙又不可分割的亲密关系。

二、身体研究与性感

在时尚研究不断涌现的同时，与之息息相关的身体研究也在欧美兴起。诸如奥尼尔的《现代社会中的五种身体》（1985）、《交流的身体》（1989）、约翰逊的《身体》（1983）、特纳的《身体与社会》（1985）都关注到了身体，这曾在西方传统哲学中被刻意回避或压抑的对象。这些研究从不同的角度展示了身体的多元性，并强调了身体之于人类的真正意义：身体是我们的本真存在。

反思西方哲学史，直到后现代哲学，身体才被赋予了本体论意义。以柏拉图为代表的古希腊哲学家，对身体持有贬低的态度，认为身体是灵魂堕落的体现，并阻碍着灵魂重返理式世界。在中世纪宗教神学的强力高压之下，身体又成为了人类原罪的体现，是灵魂修行的对立物。到了启蒙运动时期，身体仍然是被忽视的，因为身体是经验的，充满盲目和不确定性，而非理性的存在。直到笛卡尔二元哲学的诞生，思考（理性）成为了人之为人的重要标准，而充满感性欲望的身体，不能体现人与动物之间的区别。最终发展到黑格尔的精神现象学，意识已经作为先验本体独立于人类社会而存在，身体更是被完全放逐出被思考的领域。直到尼采，终于发出了关于身体的呐喊，将人回归到身体的存在，将人的身体的存在作为人的根本存在。从此，在后现代西方哲学中，作为一种存在，身体的意义终于受到了重视。

诚然，这种身体的哲学研究好像并不直接与性感相关。但是，随着对身体研究的深入，性感与时尚，也成为身体研究无法回避的主题。并且，如果我们认真的研究服装史，就会发现，现代服装形式的变化也体现着身体中心地位的逐渐确立。

王受之在《世界时装史》中指出，由传统服装向现代时装的转折就在于一种“身体的解放”：19 世纪末现代时装的出现，“让服装为身体服务，为人服务；而不是人、身体为服装形式服务”。[①] 正如史文德森在《时尚的哲学》中评论的那样，自 20 世纪 60 年代以来，服装时尚从传统的“取代的逻辑”转变为“补充的逻辑”。[②] 进入 21 世纪，恩特维斯特尔的《时髦的身体》试图建立一种“情境身体实践”的衣着社会学的理论。提出一种“切身化”的对于时尚的理解，从而把身体置于时尚系统的中心。因为身体与时尚有着如此密切的关系，在当代任何衣着的身体无论他对于时尚认同与否，他都会被认作为时尚世界的子民。这也体现了时尚研究的身体化转向，从过去一种纯粹主体精神建构层面的研究转向对于身体这一表层的研究。舒特斯曼更是提出了一个以身体为中心的学科概念“身体美学”[③]，在国内掀起了关于“身体美学”讨论的热潮。

随着对身体的研究的深入，身体特征成为研究中无法回避的问题，随之，性感也得到越来越多的关注。鲍德里亚在《消费社会》中提出，“身体被认为是最美的消费品。”[④] 费瑟斯通也说道，“消费社会容许毫无羞耻的表现身体，其消费主义的内在逻辑就在于培养永不满足的对形象消费的需求”，“消费符号基本的构成规则就是对青春美丽健康性感等身体形象神话的个性化与时间性的表达”。[⑤]

美国学者苏珊·凯瑟在其《服装社会心理学》中开设专门章节来讨论“不仅有流行的服装，也存在流行的身体”。她认为，在第二次世界大战后，身体本身开始成为妇女们规划的对象。比如，20 世纪 50 年代崇尚性感诱惑的

① 王受之：《世界时装史》，中国青年出版社 2000 年版，第 10 页。

② ［挪威］拉斯·史文德森：《时尚的哲学》，李漫译，北京大学出版社 2010 年版，第 163 页。

③ ［美］舒斯特曼：《实用主义美学》，商务印书馆 2002 年版，第 262 页。

④ ［法］鲍德里亚：《消费社会》，刘成富、全志钢译，南京大学出版社 2000 年版，第 120 页。

⑤ ［英］迈克·费瑟斯通：《消费文化中的身体》，见汪民安编：《后身体：文化、权力和生命政治》，吉林人民出版社 2011 年版，第 283—285 页。

曲线；60 年代追求修长的外观；70 年代则转入强调健美的体态。而自 20 世纪 80 年代以来则是全球化、多元化深入发展的年代，身体逐渐以一种毫无羞耻感的方式展现个性、性感和欲望。总体来看，自 20 世纪开始的当代服装时尚的历史经历的是一个由“解放身体束缚”到“肯定身体的外观”，再到“追求身体的欲望”的发展过程，是一个不断走向肉身的身体化过程。①

在国内学术界，对于性感时尚的研究还是屈指可数。对性感的讨论总是从经验出发，将其看作为人体美的具体形象，服装的风格变化，甚至是色情吸引，极少将其作为一种文化范畴来研究。

三、性感的美学研究

在美学史上，很多学者在构建自己的美学理论体系时，或是在评论艺术作品时，对身体形象的美也常有考察，其中并不乏谈到性的魅力和吸引力的内容。但性感，由于与传统美学所鄙视的本能、欲望无法隔绝，在“美无关于利害”的传统美学领域，始终无法获得正名。

然而当代美学正处于一个重要的发展阶段，“一方面人们开始认识到传统美学存在着种种局限，力图克服这种局限，实现美学的新发展；但同时我们仍然受到传统美学思维方式的影响，未能完全突破传统的认识论思维方式和框架的束缚，因而未能获得真正突破性的大发展。”②

性感作为审美经验的对象对传统美学理论作出了挑战，同样也会为美学自身的发展提供新的动力。从美学的视角研究性感，必然会对美学的研究对象，美感的层次，审美与功利、欲望的关系等问题作出更加深入的探讨，将从“质”与“量”的意义上为美学的研究拓展新的空间。

首先，对性感的定位和基本特征的探讨，必然涉及性感与功利的关系问

① [美]苏珊·凯瑟：《服装社会心理学》，中国纺织出版社 1999 年版，第 111 页。
② 朱立元：《走向实践存在论美学——实践美学突破之途初探》，载《湖南师范大学社会科学学报》2004 年第 4 期，第 41—47 页。

题，这将为深入探讨审美与功利、欲望之间的多维关系提供新的契机。“审美无利害关系”作为康德美的分析论中的“第一契机”，被认为是审美感觉与非审美感觉的重要标志，被视为西方现代美学的开端。但这个契机在审美经验中遭到过质疑，并且有美学家反对毫无保留地把无利害关系看作审美活动的核心。马克斯·德索对此提出了不同的看法：“无利害关系这一术语可以通过一种关系而把审美的愉快和感官的愉快区别开来。……这种说法在整体上是正确的，但也许解释过于简单。理由很明显，有些仅仅是快感的对象除非它们被占有，我们就无法享受到它们。好吃的美食就是屡见不鲜的一个例子，所有人都会看到这一点。这既适用于贴身的衣料又适用于一幢舒适的乡间别墅。我们只有在占有它们之时才能充分欣赏它们，因此，无利害关系并不是审美享受的一种特征，而仅仅是审美享受的一种条件。”[①] 对性感时尚与功利关系问题的研究，将突破传统美学对审美的功利基础进行的简单否定，而深入探讨审美与功利的双向互动关系，本能欲望对审美的深度建构功能，以及如何以审美的方式净化、升华、超越功利基础等问题，将会在“质”的意义上大大拓展美学的视域。

其次，对性感概念和范畴的梳理，将会拓展美学的研究对象。从美学研究的历史发展来看，美学的研究对象有不断拓展的趋势。鲍桑葵在《美学史》中已经谈论到这个问题：“在古代人中间，美的基本理论是和节奏、对称、各部分的和谐等观念分不开的，一句话，是和多样性的统一这一总公式分不开的。至于近代人，我们觉得他们比较重视意蕴、表现力和生命力的表露。”[②] 当代一些西方美学家也已跳出对单纯艺术品的研究，将实践中的审美经验看作美学研究的对象，这是当代西方美学对象问题上的新动态。对性感时尚的研究，不仅是将实践中审美经验的来源作为研究的对象，更将关注的焦点置

① ［德］马克斯·德索：《美学与艺术理论》，底特律 1970 年版，第 49 页。转引自朱狄：《当代西方美学》，武汉大学出版社 2007 年版，第 246 页。

② ［德］鲍桑葵：《美学史》，张今译，广西师范大学出版社 2001 年版，第 4 页。

于具有普适性的审美体验、心理诉求、趣味喜好等问题上，而不像传统美学只考察少数精英的创作心理、灵感想象、审美理想等，将会在“量”的意义上大大丰富美学研究的内容。

从理论上说，性感时尚所代表的是一种具有重要时代意义的社会文化现象，将其纳入美学的研究对象，能从各个角度大大丰富和发展以往美学理论的内容、观点和成果，乃至更新以往美学理论的基本架构和思维模式，推动美学研究在新的时代背景下开拓创新，最终将促使时尚美学乃至整个美学理论保持自己的开放性和进取性，迎接审美文化不断发展提出的崭新挑战。再从实践角度看，研究将有利于提升人们对时尚和性感的认识和理解，从而对建立一种全新的、健康的时尚审美趣味有积极作用，使人们在感受、追随、模仿时尚的过程中，在观照、感受、实践性感的时尚行为中，获得更多美的享受，而避免误入不健康的性趣味的歧途。

两位学者的研究成果为本书的研究思路提供了参考依据：一位是西格蒙德·弗洛伊德；另一位是福柯。弗洛伊德提出性是人类特征的核心，是生命通往欢乐和自我完成大门的钥匙。男孩和女孩是随着一种希求观看身体和被遮盖器官的欲望长大的，这种观看的力比多是我们理解性感的关键，也是性别意识诞生的内驱力。福柯则断言性的经验不是一种自然的力量，不是如同弗洛伊德学派精神分析学家和一些马克思主义哲学家谈论的那样，可以被压制或释放。相反，它没有“本质”，没有天生的或是“自然的”特质，而是权力、知识系统的产物。虽然二人的著作并没有对“性感”进行深入的分析，但是却为“性感”的研究提供了两种研究视角：一种认为性感的心理因素是生理学力量的表现形式或延伸；另一种认为性感主要是通过各种心理和社会机制的塑造而产生。本书正是从这两种维度的统一出发，从“自然”的维度探讨性感是何种生理学力量的外显和如何外显，从“文化”的维度探讨性感如何受到时尚文化的塑造，以及在时尚文化中哪些主要的权力、知识话语在怎样塑造着性感。

本书将通过美学研究、审美文化研究的方法，在已有的性感时尚研究成果的基础上，在时尚文化的理论框架之内，结合西方丰富的理论研究基础与当代中国性感时尚的现状，深入地研究性感这个范畴。通过性感与功利、审美、本能、欲望关系的探讨，为性感作出清晰的定位；通过性感与时尚关系的探讨，挖掘当代时尚文化中的性感的非本质特征；通过性感与权力话语、媒体话语、性别话语关系的探讨，辨明塑造性感的社会文化力量，批判时尚中性感的异化现象。从美学角度对性感与时尚做更深入的探讨，为性感时尚的美学研究作一次粗浅的尝试。

第一章　性感的祛魅

真正性感的东西是经得起时间考验的，比如那些从你的祖母、你的妈妈一直传到你手里的精致设计。

——乔治·阿玛尼①

基于两性之间性的自然吸引力，人类最初的审美意识正是从性感的领域衍生的。在人类发展初期，性感促成人的身体成为人类最早的审美对象。在之后漫长的历史中，性感或许被一时一地的文化所遮蔽，又或许通过某种特殊的方式来表达，可是却从未消失过。

我们首先要讨论的是，人们在日常生活中模糊、朦胧地经验到的性感究竟是什么。

第一节　性感的“梦”与“醉”

关于性感的定义，在《高级汉语词典》中的解释是：性的魅力。对于性感的经验性的解释和描述，也往往以这个内容为中心。与之相对应的英语词

① 乔治·阿玛尼 Giorgio Armani（1934—　），意大利著名时装设计师。1974 年，当他的第一个男性时装发布会完成之后，人们称他为“夹克衫之王”。好莱坞流行着这么一句话：“当你不知道要穿什么的时候，穿 ARMANI 就没错了！”

汇是“Sexiness”[1]，是“Sexy”的名词形式。“Sexy”，在《朗文当代高级英语辞典》中的解释是：“Sexually exciting or attractive; Informal exciting to think about or use.”英文中这个词有两层含义，翻译成中文就是：在性方面令人兴奋的或有吸引力的；一般意义上在思考中令人兴奋的或在使用中带来兴奋的。“Sexiness”的含义就是以上解释的名词化：在性方面的魅力或吸引力；思考或使用带来的一般意义上的兴奋。

可以看出，中文对“性感”的解释，更集中地突出了“性感”中体现的“性诱惑意味”，而英语中对“Sexy”名词形式的解释除了“性的吸引力”，还包括了“一般意义上”与欲望和实践的相关性。

但性感并不等同于性。性是直接与现实的行动，与实践密切相关。而性感是一种与身体相关的抽象特征，能够带来某种性冲动或者是与性冲动相关的快感。虽然性感与性有着密切的相关性，但二者却有着本质的区别：性感并不能触及性，也绝对不是性，甚至不必然引发性行为。

这样看来，《中国性科学百科全书》中对性感的定义似乎更接近我们日常的经验，它是这样解释性感的：“性审美过程中，产生于性审美主体和客体（一般互为异性）的相互作用中，能激发性驱动力，使人产生性联想的一

① 在对部分英文书籍作中文翻译时，有译者根据语境将“Sexuality”翻译为“性感”，比如说在《时髦的身体：时尚、衣着和现代社会理论》一书中，译者将英文版中的“Fashion, Decoration and Sexuality”译为“时尚，装饰和性感”，但实际上二者是无法完全等同的。汉语中的“性感”是个外来词汇，单就名词而言，英文中的“Sex”“Sexuality”“Sexiness”在汉语解释的词条中都有性感的意思。三者的差别在于，“Sex”偏重于生理层面。“Sexuality”是与性有关的生理与心理因素的集合，包括生理性别、心理性别、性取向、性爱与生殖等，被认为是“大体上，人类的性（Sexuality）是人类之所在、之所知、之所思和之所做而获得的或所表达的有关性的所有方面的总和。”——见彭晓辉：《对“Sex”和“Sexuality”的讨论及其定义的中文翻译》，潘绥铭主编：《中国“性”研究的起点与使命》，台湾高雄万有出版社 2005 年版，第 7—12 页。“Sexiness”则偏重于性的吸引力和魅力，与汉语“性感”的用法最为接近，因此应该将“Sexiness”译为“性感”。

种感受。”[①] 在这样的诠释中，它将性感定义为一种审美体验，由主客体相互作用而产生，在性欲驱动力的推动下，借助想象、联想才能完成。

所以，性感可以说是两性之间基于性本能的一种欲望的表达。对于客体而言，性感是通过展现具有性意味的感性形象，刺激主体的性联想，对其产生基于性的吸引力。对于主体来说，性感则是通过直观这种感性形象而被激起的基于性意味的一种审美愉快。这种审美愉快通过主体的审美直观来获取，直接超越了性的功利性满足，成为性感的审美价值不可或缺的基础。

一、西方传统美学论及的性感

在西方传统美学史上，很多西方美学家在构建自己的美学理论时，对身体形象的美也有过考察。性感作为性的魅力、吸引力，主要是由身体来体现的，可以说是身体美的一种形式，容易激起性欲的形式。所以，从这些对身体形象美的论断中，我们可以看出美学家对性感的态度。

西方美学从柏拉图开始就自觉地将美作为一个自己要加以分析认识的对象，美是“理式”世界的特征，人对美只能去“爱”。首先，《斐德若篇》中，柏拉图将灵魂比喻为一种和谐的动力，就像御车人要驾驭两匹马，一匹驯良，一匹顽劣。唯有理智，作为灵魂的舵手、真知的权衡，才能驾驭住将灵魂引向肉体的顽劣之马，才能令灵魂通往真善美的理式世界。[②] 其次，《理想国》卷三中说到，对于能激起情欲的模仿艺术，应该被扔到理想国之外。模仿诗人为了讨好群众，热衷于模仿容易激动的情感和容易变动的性格，包括性欲、愤恨之类的情欲。所以应该“向他鞠躬敬礼”，“然后给他洒上香水，戴上毛冠，请他到旁的城邦去。”[③] 再次，在《会饮篇》中柏拉图提到对“美”

①《中国性科学百科全书》编辑委员会，中国大百科全书出版社科技编辑部编：《中国性科学百科全书》，北京：中国大百科全书出版社 1998 年版，第 549 页。

②［古希腊］柏拉图：《文艺对话集》，朱光潜译，人民文学出版社 1997 年版，第 120—122 页。

③ 同上书，第 56 页。

图 1-1-1 ［古希腊］佚名《米洛斯的维纳斯》，约公元前 150 年

“高贵的单纯，静穆的伟大”，是温克尔曼对古希腊艺术的评价。断臂的女神虽然赤身裸体，却没有任何的春情和淫荡，只有冷静、理性的美。

的爱，“第一步应从只爱某一个美形体开始”，然后在不同形体美的比较中，了解到“形体美的形式”，逐步前进，由“行为和制度的美”，到“各种学问知识”的美，最后“彻悟美的本体”。[①] 这个认识的过程是一个由低到高的过程，最低层次的美就是“形体”的美。对于这个“形体”，朱光潜在译本的注释中写道，“原文只是‘身体’，不过西文中‘身体’常指一般物体，用‘形体’译似较妥。形体是感觉的对象，与下文所说的那些理解的对象相对立。”[②] 从这三方面的典型论断可以看出，柏拉图认为身体的美虽然存在，却处于比较低级的层次；唯有通过理性才能彻悟真正的美；如果模仿艺术易于激起人们的情欲，则应该被理想国抛弃。所以，现实中的性感处于美的低级阶段，被美的理式远远超越，并且不应成为艺术模仿的对象。

柏拉图并没有深入讨论身体美与其可能激起的欲望之间的关系，但是可以通往“美”的“爱”（ερως），本身就有无法摆脱的欲望因素。在古希腊语中，ερως是指看到对象自身的美所激起的占有这种美的欲望，性爱是它基本的含义，柏拉图关于爱、友爱和爱智都是从这个意义上引申出来的。所以在柏拉图的年代，欲望作为审美的伴生物，并没有完全与美感相区分。

① ［古希腊］柏拉图：《文艺对话集》，朱光潜译，人民文学出版社 1997 年版，第 271—272 页。
② 同上书，第 271 页。

柏拉图之后的美学家才开始逐渐讨论到审美与功利的关系问题，于是出现了美应该无关于功利的观点。“美不涉及欲念和概念的说法，中世纪圣托玛斯就已明确提出，近代英国哈奇生和德国的曼德尔生也都有同样的看法”，[①] 这个观点在康德的理论中终于被确立到核心的地位，“美无关于利害”成了“美的分析”的“第一契机”。

康德认为，在感觉中使感官感到愉快的东西是“快适的”，由于这种快适与利害结合着，所以并不是纯粹的美。“妩媚的、可爱的、好看的、喜人的等等”，都是快适的，与美有“质”的差异。性感自不用说，以美女为例，“大自然在她的形象中美丽地表现了女人身体结构中的那些目的”，[②] 不仅涉及欲念，而且涉及目的，只能是“依存美”之一。

受到康德的影响，将非理性因素作为自己哲学基础的叔本华在论及性感的时候，也站在了坚决反对的立场上。在他的理论中，对性感有一个专有的称谓，就是“媚美”。叔本华将观审中形成的美归为三种基本形态：优美、壮美、媚美。优美和壮美是美的两种形态，而媚美不仅不是美，而且是反美的。叔本华说：“我所理解的媚美是直接对意志自荐，许以满足而激动意志的东西。”[③] “媚美却是将鉴赏者从任何时候领略美都必需的纯粹观赏中拖出来，因为这媚美的东西由于它是直接迎合意志的对象必然地要激动鉴赏者的意志，使这鉴赏者不再是‘认识’的纯粹主体，而成为有所求的，非独立的欲求的主体了。”[④] 显然，媚美由于超出了纯粹的审美观赏而与欲求、功利产生了联系，被叔本华拒之于美的领域之外。

为了更好的说明“媚美”，叔本华将其分为“积极的”和“消极的”两种，前者如绘画中的食物与人体，会引起观赏者的食欲与肉欲，属于纯粹感官的

① 朱光潜：《西方美学史》，人民文学出版社 2003 年版，第 362 页。
② [德] 康德：《判断力批判》，邓晓芒译，人民出版社 2002 年版，第 156 页。
③ [德] 叔本华：《作为意志和表象的世界》，石冲白译，商务印书馆 1982 年版，第 289 页。
④ 同上书，第 289—290 页。

刺激；后者则把“意志深恶的对象展示于鉴赏者之前，”[①]因而是令人作呕的、更糟的，甚至比“丑陋”还要糟。这两种媚美并不是真正的美，是艺术中绝不允许出现的。在叔本华的理论中，“意志自身在本质上是没有一切目的、一切止境的，它是一个无穷的追求”[②]，这种高度激烈的欲求本身直接是痛苦的永久根源。只有在纯粹的直观状态——“观审”中，主体才能挣脱意志、欲望的束缚，这就是审美的状态。所以叔本华坚决地将能激起欲望的“媚美”即性感关在了“观审”的大门之外。

除了用功利观点拒斥性感的理论，西方美学中也存在着对其认可的态度。英国经验主义美学家博克[③]，从经验出发，认为性感（“性美”）是美的一种，是不以生殖为目的的“爱”的对象。在其著作《论崇高与美两种观念的根源》中，博克将人类的基本感情分为“自我保存”的感情和“社会生活”的感情。其中社会生活的感情又分为两种：一种是两性间以生殖为目的的感情；一种是一般交往的感情。在对“美”进行分析的时候，他提到了“性美”的概念。“仅仅属于繁衍后代的感情只不过是强烈的情欲而已。……人把一般感情与某种社会素质的观念联系起来，这种社会素质引导、提高了人的情欲，虽然人与动物都有这种情欲，但人不能像动物一样无的放矢地生活，人应当由某种东西产生一种偏爱，固定自己的选择。总的说来这应是某种可感知的素质，没有任何其他东西能如此迅速地、有力地、确实地产生效果。因而，这种我们称为爱的混合感情的对象就是性美。”[④]这里的“性美”是“爱”的对象，“爱”是混合了社会素质的一般交往感情，这种感情有别于单纯以生殖为目

①［德］叔本华：《作为意志和表象的世界》，石冲白译，商务印书馆 1982 年版，第 290 页。

② 同上书，第 235 页。

③ 爱德蒙德·博克（Edmund Burke，1729—1797），是英国著名的政治家和政论家。对于他的名字有以下译法：“博克”，见朱光潜著《西方美学史》；“伯克”见李善庆译《崇高与美：伯克美学论文选》；“柏克”，见刘纲纪著《〈周易〉美学》。

④［英］博克：《崇高与美：伯克美学论文选》，李善庆译，生活·读书·新知三联书店上海分店 1990 年版，第 40—41 页。

的的感情，“是指心灵在思考美的或具有类似性质的东西时产生的满足”。[①] 在博克的理论里，“性美”是与“性感”相通的概念，超越两性间以生殖为目的的情欲，是社会交往的“爱”的“对象”。最终他得出关于美的结论，“我把美称为一种社会素质，这是由于：只要是妇女和男子，而且不仅仅人还有其他动物，当我们见了他们而产生一种欢欣和快乐的感觉时（这类事情经常发生），我们心中就会激起一种对他们的温柔和喜爱的情感，喜欢接近他们，如果没有其他强烈相反的理由，愿意与他们建立一种关系。”[②] 可以看出博克是站在肯定性感是美的立场上谈论性美的，论述了由性美而引起的两性之间审美关系的建立。虽然他对此并没有找到深层次的原因，但是可以看作是一次成功的理论探索。

叔本华之后，尼采和弗洛伊德冲破了传统“审美无关于利害”的论断，对本能（特别是性本能）持肯定的态度，并且把美与性快感联系了起来。前者以诗的语言和启示者的神意向人们说：“‘完满’——在那些状态中（特别是在性爱中）天真地透露出了至深的本能，通常崇尚为最高、最令人向往、最有价值的东西，透露出了本能类型的上升运动；而本能实际上也就在力争这种境界。完满是本能的强力感的异常扩展，是丰富、是冲决一切堤防的必然泛滥。”[③] 后者则通过严密的分析提出，“性冲动，广义的和狭义的，都是神经病和精神病的重要起因，这是前人所没有意识到的。更有甚者，我们认为这些性冲动，对人类心灵更高文化的，艺术的和社会的成就做出了最大的贡献。”[④] 尼采所说的“至深本能”的“上升运动”，也就是他“作为趋

---

① [英] 博克：《崇高与美：伯克美学论文选》，李善庆译，生活·读书·新知三联书店上海分店 1990 年版，第 101 页。

② 同上书，第 41 页。

③ [德] 尼采：《悲剧的诞生：尼采美学文选》，周国平编译，生活·读书·新知三联书店 1986 年版，第 315 页。

④ [奥地利] 弗洛伊德：《精神分析引论》，高觉敷译，商务印书馆 1984 年版，第 9 页。

向放纵之迫力”的酒神精神，与弗洛伊德的“性冲动”是一致的，都是奉行着“快乐原则”（“趋向放纵”）的性本能冲动。无论是在人类审美意识的起源，抑或是在当下的审美现象中，它都是隐匿在无意识领域的审美内驱力。正如弗洛伊德曾说过，“‘美’的概念植根于性刺激之中”①。在这两位学者的理论中，性感不仅是审美的对象，而且是最根源的美。

二、中国传统美学论及的性感

中国传统美学没有直接提及“性感”这个现代词汇。如果将“性感”理解为极具性吸引力的人的形体美，传统美学中倒也有所涉及。中国传统美学理论和文学评论中涉及的“艳”“媚”可以视作“性感”在中国传统美学范畴中的绝好代表。但从总体上看，中国传统美学崇尚的是逍遥自由的审美情怀，人体所表现出的美，最终被人感性存在的审美状态所超越。

庄子赞赏“肌肤若冰雪，绰约若处子”的“神人”，但对具有精神人格美的人则更加赞赏，认为人精神的美是可以超越形体的。对于这种观点，庄子是通过所谓的“丑”来反证的。“在中国美学史上，也是庄子第一个明确地能谈到了丑的问题，指出了在丑的外形之中完全可以包含有超越于丑的形体的精神美。”②庄子在《德充符》中以夸张的文学处理，描写了卫国的哀骀它这位奇丑者得到广泛的爱慕，特别是众多女性的爱恋，同时借孔丘之口说明其中原因：“非爱其形也，爱使其形者也。”“使其形者”就是人内在的精神。人们对这样相貌丑陋之人的爱，主要是爱他的“全德”，爱他的精神美，这是“德有所长而形有所忘”的缘故。一方面，庄子并没有完全忽略人的形体美；但另一方面，更加看重精神的美。这种对人的精神美的高度重视和追求，后来在魏晋时期的美学中得到发展，直接导致了中国美学中“人格美”对“人体美”的超越。

---

① 弗洛伊德 1915 年为 1905 年所写的《性学三论》加的一条脚注。转引自［美］斯佩克特：《弗洛伊德的美学》，高建平译，四川人民出版社 2006 年版，第 163 页。
② 李泽厚、刘纲纪：《中国美学史·先秦两汉编》，安徽文艺出版社 1999 年版，第 244 页。

魏晋时期的顾恺之是很有成就的人物画家，从他传世画迹摹本《女史箴图卷》《烈女传仁智图卷》《洛神赋图卷》等中，可以看出他在人物画方面的高深造诣。他非常重视女性形象的美，他在评论《小烈女》时说："作女子尤丽衣髻，俯仰中一点一画皆相与成其艳姿"。绘画中"烈女"的题材本是为了伦理道德上的规范而作的，但顾恺之仍然十分注意"烈女"的"艳姿"之美，并指出画家的"一点一画"都应与"烈女"的"艳姿"相成，即要表现其"艳姿"之美。但同时，他从绘画实践出发提出了"传神写照""以形写神"的观点，认为对"神"的表现才是人物画的核心。这种"以形写神"的观点极具影响力，对之后中国传统人物画、甚至山水画都产生了巨大的影响。有记载说：

> 顾长康（按：恺之字）画人，或数年不点目睛。人问其故，顾曰：四体妍蚩，本无关于妙处，传神写照，正在阿堵中。[①]

"这个'神'不仅仅是一般所说的精神、生命，而是一种具有审美意义的人的精神，不同于纯理智的或单纯政治伦理意义上的精神，而是魏晋所追求的超脱自由的人生境界的某种微妙难言的感情表现。它所强调的是人作为感性存在的独特的'风姿神貌'（《世说新语·容止》），美即存在于这种'风姿神貌'之中。"[②]"艳姿"作为女性的性感美，顾恺之用绘画实践表现出对其的重视，但是更加强调的是"神"具有超越"形"的无比微妙的功能和表现。通过"形神"关系的探讨，魏晋时期发展了"人格美"对"性感美"的超越，将"人格美"更明确地限制在人感性存在的独特"风姿神貌"中，而不涉及理智和政治伦理精神。

清代戏剧家李渔有一本很有名的著作《闲情偶寄》，其中《声容部》专论妇女的生活起居，对女性美多有论述，包含了对当时性感时尚研究的丰富

---

① （南朝宋）《世说新语·巧艺》，中华书局 2009 年版，第 189 页。

② 李泽厚、刘纲纪：《中国美学史·魏晋南北朝编》，安徽文艺出版社 1999 年版，第 452 页。

图 1-1-2（唐）周昉：《簪花仕女图》（局部）

画中的女性雍容华贵，妩媚婀娜。作者对画中女性体态动势的捕捉，表现出娇、奢、雅、逸的气息和女性柔软、温腻、动人的魅力。

成果。此书将女性“声容”的评价分为四部分：选姿、修容、治服和习技，分别强调女性在身体、化妆、服饰、才艺方面的品评标准，被认为是我国古代士大夫、文人关于女性美观念的集大成者。在《选姿第一》部分，李渔从肌肤、眉眼、手足、态度四个方面讨论了女性的美，提出女性自然的美以肌肤素白细嫩、眉眼细长清秀、手足纤小为基础，而“媚态”则是女性美最核心的部分。

> 古云：“尤物足以移人。”尤物维何？媚态是已。世人不知，以为美色，乌知颜色虽美，是一物也，乌足移人？加之以态，则物而尤矣。如云美色即是尤物，即可移人，则今时绢做之美女，画上之姣娥，其颜色较之生人，岂止十倍，何以不见移人，而使之害相思成郁病耶？是知“媚态”二字，必不可少。媚态之在人身，犹火之有焰，灯之有光，珠贝金银之有宝色，是无形之物，非有形之物

> 也。……则人止为媚态所惑，而不为美色所惑，是态度之于颜色，犹不止于以少敌多，且能以无而敌有者。……相面、相肌、相眉、相眼之法，皆可言传，独相态一事，则予心能知之，口实不能言之。[①]

《选姿》中对“媚态”的描述实则是对女性性感的描述，性感不是静态的身体形象美，而是用身体语言表述出的性感“态度”。这种性感的表述胜之于静态的形体美，可以说是“形”“神”的合一，足以“移人”，“使之害相思成郁病”。但这性感既非“有形之物”，所以其标准也无法言传，只是“心能知之”。可以看出，李渔对“媚态”的描述，正是把握了“性感”的关键，是身体在形神合一的基础上表现出的性魅力。

李渔关于女性性感的论述具有非常独特之处，除了提出女性自然美的标准，更是添加了社会性的内容，可以说是广义上的时尚内容。在“修容第二”和“治服第三”的部分，更涉及当时潮流风貌的内容，并要求女性按照当时的时尚对自己进行修饰和装扮以增强自身的吸引力。他虽然反对“楚王好细腰，宫中皆饿死”的极端做法，但提倡在“不可太过，不可不及”中注重对自己的修饰和装扮。他认为所谓“荷花头”“牡丹头”“钵盂头”的发髻样式已经过时，应被革去，应“以假发作云龙等式”。当时“吴门”新创一种“象生花”是簪花中新的潮流，由纯草所造，“穷精极巧”，“每朵不过数文，可备月余之用”，令李渔大加赞赏。[②] 对于女性的“衣衫”，李渔说：

> 妇人之衣，不贵精而贵洁，不贵丽而贵雅，不贵与家相称，而贵与貌相宜。绮罗文绣之服，被垢蒙尘，反不若布服之鲜美，所谓贵洁不贵精也。红紫深艳之色，违时失尚，反不若浅淡之合宜，所谓贵雅不贵丽也。[③]

这里李渔提到“违时失尚”，恰恰用反证突出了当时的衣着时尚。要求

---

①（清）李渔：《闲情偶寄·选姿》，中国社会出版社 2005 年版，第 11 页。

②（清）李渔：《闲情偶寄·治服》，中国社会出版社 2005 年版，第 33 页。

③ 同上书，第 37 页。

妇人应该顺应淡雅、合宜的时尚要求来装扮自己，这样才能增加自己的魅力。

李渔关于女性“媚态”的谈论和对“违时失尚”的批判可谓是中国传统美学中对性感时尚的巅峰之论。“媚态”（性感）作为形神兼备的美，是女性美的核心因素；时尚作为最新的风尚，是女性修饰、装扮自身应该追求和遵循的规范。他的探讨透露出了性感时尚超越历史的普适性特征，为我们今天的研究提供了宝贵的理论基础。

三、性感的审美体验

西方美学家虽然普遍赞同审美感受是愉快的，但是传统美学家主客二分的哲学立场，令他们很难解释审美愉快获得的原因。他们普遍将美看作对象的属性，用认知的态度来考察美，试图总结出美的本质和特征。然而，对于这种本质和特征是否必然带来美感以及美感的普遍性问题，他们却很难给予完美的解释。在对审美感受或者说审美境界的描述中，中国美学理论有更加独特的地方，偏重用诗化的语言以及情境的比附，虽然形式朴素，却更加准确地表达出审美的心理特征。当然，也更适合表述性感带来的审美体验。

庄子为人所熟知的梦为蝴蝶的寓言，最好地说明了审美过程中的心灵感受实则是一种物我交融统一的状态：

> 昔者庄周梦为蝴蝶，栩栩然蝴蝶也，自喻适志与，不知周也。俄然觉，则蘧蘧然周也。不知周之梦为蝴蝶与？蝴蝶之梦为周与？周与蝴蝶则必有分也。此之谓物化。[①]

庄子在这里所要说明的本来不是审美的问题，但实质上却深刻地涉及了审美。因为从审美经验中可以感受到，在审美中主体和客体常常处于一种彼此不分相互交融的境界，主体感到自己化为了对象，同对象不可分离，也就是庄子所谓“物化”的状态。这种物我一体正是审美当下的感受，也是庄子

①《庄子·齐物论》，《庄子》，中华书局 2007 年版，第 20 页。

所言的“心斋”与“坐忘”的心理状态：

> 若一志，无听之以耳而听之以心，无听之以心而听之以气。听止于耳，心止于符。气也者，虚以待物者也。唯道集虚，虚者，心斋也。……夫徇耳目内通而外于心知，鬼神将来舍，而况人乎？[①]
>
> 堕肢体，黜聪明，离形去知，同于大通（道），此谓坐忘。[②]

这其中包含了对审美心理特征朴素而又深刻的理解。审美不应依赖感觉（“听之以心”），而应依靠超功利的直觉（“听之以气”），忘掉自我的存在（“堕肢体”），抛弃是非思虑（“黜聪明”），达到像“道”那样自然无为的状态［“同于大通（道）”］，就会得到一种高度的精神愉悦，这才是审美的状态。

关于审美主体与客体在审美中融为一体的观念，叔本华的论说与庄子多有相近之处，虽然二者存在着本质上的差异，前者对美的理解无法彻底摆脱主客二分的西方传统哲学背景；而后者则是将美理解为人的生存状态。叔本华认为人与自然的内在本质是一种“自在之物”，[③] 就是“意志”，“意志自身在本质上是没有一切目的、一切止境的，它是一个无穷的追求”。[④] 因为意志是盲目而无止境的，寻求生存、繁衍的欲望，而这种欲望高度强烈，直接构成了痛苦的永久根源。只有在主体摆脱了意志、欲望的束缚，上升到一种纯粹的直观状态中，才能短暂地忘却意志所带来的痛苦。这种状态，“是在认识挣脱了它为意志服务的这一关系时，突然发生的。这正是由于主体已不再仅仅是个体的，而已是认识的纯粹而不带意志的主体了。这种主体已不再按根据律来推敲那些关系了，而是栖息于、沉浸于眼前对象的亲切观审中，

① 《庄子·人世间》，《庄子》，中华书局 2007 年版，第 28—30 页。
② 《庄子·大宗师》，《庄子》，中华书局 2007 年版，第 56 页。
③ ［德］叔本华：《作为意志和表象的世界》，商务印书馆 1982 年版，第 177 页。
④ 同上书，第 235 页。

超然于该对象和任何其他对象的关系之外。”① 在这种观审中，主体“自失”或者说自我丧失于对象之中，“也即是说人们忘记了他的个体，忘记了他的意志；他已仅仅只是作为纯粹的主体，作为客体的镜子而存在；好像仅仅只有对象的存在而没有觉知这对象的人了”。② 在这种“自失”中，主体失去了个体性、感性和理性的束缚，成为一种“纯粹的主体”，客体也在这种观审中成为“纯粹的客体”，这种主客体水乳交融的“观审”状态，就是审美的状态。

无论是庄子的“物化”，还是叔本华的“自失”，都明确地肯定审美是一种主客体相互融合的状态，这种状态也正是对时尚中性感的审美体验。在时尚生活中，无论我们创造性感抑或是欣赏性感，都仿佛一种与对象合而为一的状态。创造中，我们将自己的本质力量对象化于自身的身体形象，我的身体就是我的对象，融为一体并处于一种自由愉快的状态。欣赏中，我们陶醉于对象的性感，在那一瞬间仿若陷入柏拉图所说的“迷狂”中，忘记了自我，只有灵魂仿佛在燃烧。这两种审美的愉快就好比尼采所言的“梦”与“醉”，分别体现着日神精神和酒神精神。

在《悲剧的诞生》中，尼采用日神阿波罗和酒神狄奥尼索斯的象征来说明艺术的起源、本质、功用乃至对人生的意义，并用“梦”与“醉”的状态来比喻日神精神和酒神精神。他认为日神精神体现为梦，梦呈现为幻想和梦象，通过只体现为外在形式或形象而不涉及内容、本质和功利性的“外观”显现出来。日神是美的外观的象征，日神精神体现为一种幻觉。酒神精神象征着情绪的放纵，在日常生活中体现为醉，最鲜明的特点是惊骇和狂喜的忘我之境。在这醉态中，个体实现了“自弃”和“忘我”，在狂喜的激情中“主观逐渐化入浑然忘我之境”，③ 同周围的人、自然、宇宙、神之间顷刻消除了隔阂，相互融为一体。

---

① [德] 叔本华：《作为意志和表象的世界》，商务印书馆 1982 年版，第 249 页。

② 同上书，第 250 页。

③ [德] 尼采：《悲剧的诞生：尼采美学文选》，周国平编译，生活·读书·新知三联书店 1986 年版，第 5 页。

在尼采看来，日神精神和酒神精神象征着宇宙、自然、人类的两种基本的生命本能和原始力量，日神“作为趋向幻觉之迫力”，酒神“作为趋向放纵之迫力”，[①]是强力意志在人身上的两种力的表现。在心理状态中，日神精神是有节制的，“适度的克制，免受强烈的刺激”，呈现“大智大慧的静穆”。[②]而酒神精神则是“过度”的，是“高涨的情绪”，“炽热生活”的“沸腾”，[③]无节制的放纵，是“汹涌上涨”的“酒神的暴力”。[④]日神精神中，“个体化原则”化作审美的幻象而被超越；酒神精神中，“个体化原则”则彻底被撕裂。日神精神是个体借助外观的幻觉自我肯定的冲动，酒神精神则是个体自我否定而复归世界本体的冲动。

图 1-1-3　（图片来自网络）

镜前注视自己的裸体女性，通过对自身的“观审”，既是主体又是客体，既在表达又在审美，在幻想和迷狂中，感受着性感的“梦”与“醉”。

性感的表达和审美，正如尼采所言的日神精神和酒神精神一样，支配着个体一方面发生幻象；另一方面发生纵欲。这两种状态在性感中，也表现为梦境和醉境。表达是充满幻想的“梦”，审美则是充满放纵的“醉”。

性感的表达，体现于这样一种幻想，在其中个体感受到自身魅力迸发所

①［德］尼采：《悲剧的诞生：尼采美学文选》，周国平编译，生活·读书·新知三联书店 1986 年版，第 350 页。

② 同上书，第 4—5 页。

③ 同上书，第 5 页。

④ 同上书，第 106 页。

带来的“被看”的快感。性感的表达通过个体对自身的装扮，也体现着节制、适度，在“外观”上依然表现着时尚生活中各种社会性因素对其的限制。但同时，在这“梦”中，个体可以通过幻想实现对这些社会性因素的超越，将个体的感性自由通过时尚的身体表达出来。

性感的审美，则体现于“醉”，是个体直观到对象的性魅力时主体当下的丧失，在陶醉中感受到的“看”的快感。性感的审美带来激情的、狂热的、充满力感的心灵体验，在惊骇和陶醉中体会到充满幸福的狂喜，感受到生存的永恒乐趣。表面看来，在性感的审美中，陶醉于性感的个体与其之前未醉之时并无不同。而在现象背后，个体在隐藏着生命意志的“醉”中，体验到仿若是生命原初的快感。

在这关于性感的“梦”与“醉”中，“一种形而上的慰藉使我们暂时逃脱世态变迁的纷扰。我们在短促的瞬间真的成为原始生灵本身，感觉到它的不可遏止的生存欲望和生存快乐。”[①] 而这“梦”最终也将归入“醉”的怀抱，“个人带着他的全部界限和适度，进入酒神的陶然忘我之境，忘掉了日神的清规戒律。……无论何时，只要酒神得以通行，日神就遭到扬弃和毁灭。”[②] 无论是性感的表达还是审美，快乐体验最终都沉溺于主体自我丧失的酒神精神中。这酒神精神的“醉”中包括性冲动的醉，巨大欲望、强烈情绪的醉，激烈运动的醉，甚至破坏的醉，“醉的本质是力的提高和充溢之感”，是人的生存本能。性感正是建筑于生存本能之上，特别是人类的性本能之上。

第二节　性感的本能超越

本能，是一种由生理的内在兴奋带来的先天性心理表征，表现为身体的

① 尼采：《悲剧的诞生：尼采美学文选》，周国平编译，生活·读书·新知三联书店 1986 年版，第 71 页。

② 同上书，第 17 页。

需要及兴奋的状态，其目标则在于消除这种状态。作为人类维持自身生命和种族繁衍的先天行为，本能最直接地表现于饥饿本能、自我保护的本能和性本能。虽然人类在最基本的生存本能中体现着动物性因素，但不可否认，人类的一切生理和心理活动都必须建筑在维持自我生存的本能之上。

性感，作为人的审美对象之一，其审美体验自然无法彻底摆脱人的生存本能，甚至在其根柢处，恰恰是植根于人的性本能。从人类进化的历程来看，与性有关的本能冲动构成了性感产生的直接驱动力，并由性感领域衍生出人类最朴素的审美意识，之后才逐渐确立为人体美意识，继而是对自然的审美意识。从对现实中审美现象的分析看，被压抑在无意识领域内的性本能仍然是性感审美的隐藏动力。然而，性感的审美状态并不是对性欲本能的直接释放，而是对性本能的一种升华，特别是在时尚文化中，升华了被文明压抑的性本能。

一、体现于性本能的生本能

对于本能，中国哲学精神中将其看作人的自然本性，“食色性也”[①]的论断，朴素地表达了对本能的看法：食欲（“食”）和性欲（“色”）是人的自然本性（“性”）而已。中国传统中儒家、道家及禅宗都没有站在彻底否定和批判本能的立场上，而是选择了对其进行形而上的提升。儒家借礼法（道德）来规范本能，道家追求自由（自然）以超越本能，禅宗用“色即是空”化解了本能。但是对于西方传统哲学而言，则是经历了从否定到肯定的过程。

在达尔文的进化论出来之前，西方哲学界对本能的理解是“先天的能力”。因为这种能力与动物的本能没有本质的区别，所以一直受到哲学家的忽视和鄙夷。西方哲学传统力图探寻的是人之为人的决定性因素，也就是人与动物的区别。本能作为人类感性特征中最动物性的因素，被认为理应被理性所压抑，理性作为能够逻辑地反思自我的能力才是人的本质特征。

---

①《孟子·告子上》，（宋）朱熹：《四书章句集注》，中华书局2012年版，第332页。

从柏拉图开始，就将肉体（感性的载体）和灵魂（理性的精神）确立为对立的两极，并提出理性应当驾驭感性的论断。“我们要接近知识只有一个办法，我们除非万不得已，得尽量不和肉体交往，不沾染肉体的情欲，保持自身的纯洁。”[①]“因为带着肉体去探索任何事物，灵魂显然是要上当的。”[②]而笛卡尔“我思故我在”的论断正式确立了区别于以往的现代身心二元论。他认为人的精神和肉体是可以分离的，彼此独立互不依赖。本能，甚至感性在他的理性主义话语中没有任何立足之地。

直到黑格尔大一统的哲学体系崩塌之后，西方哲学开始走向非理性主义的道路。哲学家们不再将理性看作人类生存的根本，而是从人的感性存在中寻找人生存的意义。马克思从实践的角度肯定了人的感性特征，“人的感觉、感觉的人性，都只是由于它的对象的存在，由于人化的自然界，才产生出来的。五官感觉的形成是迄今为止全部世界历史的产物。”[③]

叔本华则直接将体现着生命本能的意志置于本体的地位，认为它是人与世界的内在本质。“人的本质就在于他的意志有所追求，一个追求满足了又重新追求，为此永远不息。是的，人的幸福和顺遂仅仅是从愿望到满足，从满足又到愿望的迅速过渡。”[④]这种盲目的、不可遏制的欲求和冲动，其目标一是维持自己的生存；二是繁衍后代，以延续自己的生命。所以叔本华的意志就是生命意志，将人的本质归根于生命本能的欲求。

尼采继承了叔本华的生命意志本体论，又排除了叔本华否定、灭绝生命意志的悲观主义成分，并在其中注入了创造、奋斗、激进和热爱人生的精神，进一步肯定了生命意志的地位。他并不否定人生固有的痛苦与悲剧性，但是相信欲求是意志创造力的来源，欲求越大，意志就越强。他说：“极而言之，

---

①［古希腊］柏拉图：《斐多》，杨绛译，辽宁人民出版社 2000 年版，第 17 页。
②同上书，第 15 页。
③［德］马克思：《1844 年经济学哲学手稿》，人民出版社 2000 年版，第 87 页。
④［德］叔本华：《作为意志和表象的世界》，石冲白译，商务印书馆 1982 年版，第 360 页。

最强的欲望就是最可宝贵的欲望。在这个意义上说，这是最大的力量来源。"[①] 尼采的"生命—强力意志"是对叔本华的超越，在他的理论中，昭示了人的原初状态：被本能冲动所驱使的生命存在。

在叔本华和尼采之后，精神分析学的创始人弗洛伊德对人的本能作了深入而理性地分析，并将性本能明确为生命本能的核心。在《超越唯乐原则》一书中，他指出本能这一词代表"所有产生于身体内部并被传递到心理器官的力"。在其早期的学术思想中，本能被区分为"性本能"和"自我本能"。到 20 世纪 20 年代，在经历了第一次世界大战之后，弗洛伊德对本能论作了重新解释，将本能划分为"生本能"（包括"性本能"和"自我本能"）和"死本能"。并提出，在人的一切本能中最基本、最核心的就是性本能。

对于性本能，弗洛伊德在《性欲三论》的开篇提到，"普通人对性本能的看法，可以从一个如诗般美丽的神话中反映出来，它告诉我们，本来的人被从中间一分为二"，[②] 这无疑是在说柏拉图《会饮篇》中的故事，"就是像这样，从很古的时代，人与人彼此相爱的情欲就种植在人心里，它要恢复原始的整一状态，把两个人合成一个，医好从前截开的伤疼。"[③] 弗洛伊德指出，人类的一切快感都直接或间接与性欲有关。实际上，生殖本能只是性本能的主要表现形式之一，除此之外，性本能还体现在唇舌亲吻、性敏感区的接触、皮肤抚摸之类活动带来的快感，在普通人、性倒错者和儿童的性欲中都普遍存在。

对儿童性欲进行研究时，弗洛伊德提出了"力比多"（Libido）概念。力比多完全类似于饥饿，它标志着一种力量，伴随这种力量表现出一种欲望，

---

① [德] 尼采：《权力意志：重估一切价值的尝试》，张念东、凌素心译，商务印书馆 1991 年版，第 319 页。

② [奥地利] 弗洛伊德：《性欲三论：一个歇斯底里病例的分析片断》，赵蕾、宋景堂译，国际文化出版公司 2001 年版，第 1 页。

③ [古希腊] 柏拉图：《文艺对话集》，朱光潜译，人民文学出版社 1997 年版，第 240 页。

图1-2-1［法］古斯塔夫·莫罗：《俄狄浦斯和斯芬克斯》，1864 年

弗洛伊德借助《俄狄浦斯王》的神话故事，提出了俄狄浦斯情结的概念，即男性无意识中的"弑父娶母"的本能。并认为神话故事中的情节，表现了潜伏于儿童心中的欲望以幻想形式公开表露并可在梦中求得实现。

即性的欲望，力比多就是性欲后面的一种潜力。它与刺激不同，"一因它起源于体内的刺激；二因它为一常住的势力，不像体外刺激的易于逃避。"① 力比多对满足或快乐的寻求，即"快乐原则"，是人的心理活动中的居于霸权地位的原则。但性是文明社会中的禁忌，有修养的文明人往往以自我理想压抑性的冲动。最终"快乐原则"被"现实原则"所代替，性本能也受到压抑。

然而，被压抑的性本能并没有消失，"被抑欲望（按：性本能）存于内而为我所不知，正像实在之存于外而为我所难喻"，② 依然存在于无意识的本我之中。弗洛伊德用本我（id）、自我（ego）和超我（super-ego）三种人格分别对应人精神活动的三个层面：无意识、前意识和意识。本我是最原始的、与生俱来的无意识领域，由先天的各种本能和欲望组成。意识领域的"超我是一切道德限制的代表，是追求完美的冲动或人类生活的较高尚行动的主体"，③ 表现为理想化的自我与良心。前意识领域的自我则在本我之上，居于本我与超我之间，以现实原则代替快乐原则进行自我保护，通过对个体的控制来实现对本我的压抑。被压抑的性本能中保有大量的力比多能量，在文明社会中，力比多用创造幻像的方

①［奥地利］弗洛伊德：《精神分析引论新编》，高觉敷译，商务印书馆 1987 年版，第 75 页。
② 同上书，第 44 页。
③ 同上书，第 52 页。

法实现自身的替代性满足，这就是性本能的升华。

弗洛伊德的学说第一次透彻地分析了人类的意识领域，从生理—病理学角度揭示了无意识领域的存在，并提出无意识领域对人类意识的决定性作用。他肯定了性本能在生本能中的核心地位，并通过对《俄狄浦斯王》《哈姆雷特》《蒙娜丽莎》等文学艺术作品的分析，把审美和艺术完全置于非理性的、被压抑的无意识领域和本能冲动的本源之上。他认为，无意识领域以寻求快乐为目的的力比多的压抑、升华与满足是艺术和审美的源泉和中心。这些理论为我们深入分析性感审美与性本能的关系提供了契机：奉行“快乐原则”的性本能是性感审美的内驱力，性感是被压抑的性本能的艺术性升华。

二、性感体验的内在动力

有两位学者对本能（特别是性本能）持肯定的态度，并且把美与性快感结合起来，一位是尼采；另一位是弗洛伊德。前者以诗的语言和启示者的神意向人们说：“‘完满’——在那些状态中（特别是在性爱中）天真地透露出了至深的本能，通常崇尚为最高、最令人向往、最有价值的东西，透露出了本能类型的上升运动；而本能实际上也就在力争这种境界。完满是本能的强力感的异常扩展，是丰富、是冲决一切堤防的必然泛滥。”[①] 而弗洛伊德则通过严密的分析提出，“性冲动，广义的和狭义的，都是神经病和精神病的重要起因，这是前人所没有意识到的。更有甚者，我们认为这些性冲动，对人类心灵更高文化的，艺术的和社会的成就做出了最大的贡献。”[②]

尼采所说的“至深本能”的“上升运动”，也就是他“作为趋向放纵之迫力”的酒神精神，与弗洛伊德的“性冲动”是一致的，都是奉行着“快乐原则”（“趋向放纵”）的性本能冲动。无论是在人类审美意识的起源，抑或是在当下的

①［德］尼采：《悲剧的诞生：尼采美学文选》，周国平编译，生活·读书·新知三联书店1986年版，第315页。

②［奥地利］弗洛伊德：《精神分析引论》，高觉敷译，商务印书馆1984年版，第9页。

审美现象中，它都是隐匿在无意识领域的审美内驱力。正如弗洛伊德曾说过，“‘美’的概念植根于性刺激之中”。[①]这也是性本能冲动作为性感审美内驱力的原因。

1. 性本能驱动性感成为人类最初的审美对象

恩格斯说过：“历史中的决定性因素，归根结底是直接生活的生产和再生产。但是，生产本身又有两种。一种是生活资料即食物、衣服、住房以及为此所必需的工具的生产；另一种是人类自身的生产，即种的繁衍。”[②]审美意识的起源、艺术的生产也不可能抛开生存和繁衍的因素。一方面，生存必需的生活资料是艺术与审美的物质基础；另一方面，性本能冲动正是艺术与审美的内在驱动力量。“为了生活的目的，审美态度稍许防卫了痛苦的威胁，它提供了大量的补偿。……精神分析对美几乎也说不出什么话来。看来，所有这些确实是性感领域的衍生物。对美的爱，好像是被抑制的冲动的最完美的例证，‘美’和‘魅力’是性对象的最原始的特征。”[③]

通过对艺术史的研究可以发现，人类的审美是先由对身体的审美开始，之后逐渐扩展到对自然的审美当中去的。如果对历史遗留的艺术作品以及现存原始部落的样貌进行深入研究，我们可以得到这样一种观点：原始人类的性本能冲动，是其进行性选择的主要动因。在这种原始人类的性选择中，人逐渐有了朴素的对身体的审美意识，这种最原初、最朴素的身体美就是性感。之后的人类发展史中，人的审美意识逐渐由身体美拓展到自然领域，感受到自然的美。这就是人类审美意识的发展过程。在这个过程中，美是从性感领域衍生的，性感是人类审美意识的最初内容。

---

① 弗洛伊德1915年为1905年所写的《性学三论》加的一条脚注。转引自斯佩克特：《弗洛伊德的美学》，高建平译，四川人民出版社2006年版，第163页。

②［德］恩格斯：《家庭、私有制和国家的起源》，《马克思恩格斯选集》第4卷，人民出版社1972年版，第2页。

③［奥地利］弗洛伊德：《弗洛伊德论美文选》，张唤民、陈伟奇译，知识出版社1987年版，第172页。

依照西方社会契约论者的说法，人类在进入群居的社会生活之前，曾经有过非常漫长的一段历史，称之为自然状态。在自然状态下的人类与动物一样，依靠本能生活。在以种族繁衍为目的的性本能的驱使下，原始人在无意识中进行着性选择的行为，倾向于选择在生殖力方面比较突出的、适应生存的健康优良的异性。这一点在越来越多的考古发掘中出现的女性雕塑中可以体现出来：有强大生殖能力的女性就是他们崇拜的对象。欧洲旧石器晚期，从庇里牛斯山岛顿河河谷出土的石质或象牙圆锥，一律具有高耸的甚至下垂的硕大乳房，凸出的腹部和臀部，以及刻画形象的女阴。在中国新石器时代，辽宁红山大型文化祭坛出土的无头孕妇陶像，也都特别地表现出生殖部位的特征。雕像女性特征极其夸张的表现，是原始时代对生殖神灵化的形象体现。人们祈望通过这些丰满的乳房、肥硕的臀部、鼓胀的腹部、隆起的阴阜和粗壮的大腿来实现种族的繁盛。

图 1-2-2 《霍勒菲尔斯的维纳斯》，猛犸象牙雕像，2008 年发现于德国，约制作于 35000 年前

她没有面部五官，却拥有庞大的臀部和乳房，鼓胀的小腹和下体，这些特征都与生育能力有关。女性的丰乳肥臀，成为生殖崇拜的表征。

与此同时，这些造型也寄寓了当时社会对女性形象的喜好标准。直接以生殖为目的的性吸引力，就是性感的最初内容。普列汉诺夫说："使用价值是先于审美价值的"，[1] 在性感的

①［俄］普列汉诺夫：《论艺术：没有地址的信》，曹葆华译，生活·读书·新知三联书店 1973 年版，第 125 页。

图 1-2-3 大卫·贝克汉姆，英国职业足球运动员，图片来自网络

基于种族的繁衍需求和性本能，人自身成为最早的审美对象。直到今日，充满力量，体现原始生命活力的形象，依然是性感的，受人喜爱的。

原初内容里，也体现了这一点。但是“人与动物不同，在制造和使用工具的过程中，生理上对快感的本能追求，有向心灵上追求美感升华的必然趋势。这种趋势首先表现在由对快感的本能追求向有意识地追求形式的感性快感的过渡，然后又向有意识地创造能使感性快感同心灵上的享受统一起来的具有形式美的对象过渡，从而使美的创造具有满足审美需要的独立性，并形成对世界的艺术掌握方式。”①

随着人类的进化，在性行为与生殖目的逐渐分开的过程中，人突然意识到直观性感的异性身体虽然不能直接产生性快感，但是在心理上同样会产生愉快感和欣慰感。在这直观的瞬间，人抛弃了最初性感中直接的生殖目的，将异性当作了自身的审美对象，与对象发生了审美关系，自身也陷入了审美状态。虽然人的身体是一种自然的存在物，但由于打上人类精神的印记，成为人类的第一个审美对象。这便是人类最朴素审美的诞生，对性感的审美体验是人类审美的最初状态，这种性感审美的对象就构成了身体美，性感就是身体美的原初内容。

在身体成为人的审美对象之后的很长时间，大自然的山水依然就只是自然山水，并不是人类的“审美客体”，甚至它还是作为人类的异己力量成为人类的“敌人”而存在的。这个时期，人和自然的关系正处于一种敌对的关系之中，《后羿射日》《精卫填海》各民族大洪水的神话故事等都说明：在

① 夏甄陶主编：《认识发生论》，人民出版社 1991 年版，第 547—548 页。

人类历史发展的早期，“日”“海”“水”等自然事物都只是人类的异己力量，而不是审美的客体。正如马克思所说：“自然界起初是作为一种完全异己的、有无限威力的和不可征服的力量与人们对立的，人们同它的关系完全是像动物同它的关系一样，人们就像牲畜一样服从它的权力。”[①] 人类早期与自然的关系主要是物质交流、繁衍种族的实用功利关系，人类的活动也主要是一种与艰苦的生活环境作斗争、求生存的实用活动。只是随着人类社会文明的发展，人逐渐将自身投射到自然当中，在自然中感受到人自身的美，自然才慢慢与人建立起审美的关系，进入人类的审美视野。人类的审美活动就是这样从无到有，从简单到丰富不断生成的。

霭理士说：“人生以及一般动物的两大基本冲动是食与性，或食与色，或饮食与男女，或饥饿与恋爱。它们是生命动力的两大源泉，并且是最初元的源泉，……而到了人类，一切最复杂的文物制度或社会上层建筑之所由形成，我们如果追寻缘由，也得归宿到它们身上。”[②] 在人类本能的性选择中形成的性感选择，最初是以生殖为目的的。在性感摆脱了生殖目的的内容时，在对异性身体的直观中感受到的愉快，就成了人类最初的审美体验。与此同时，身体美作为人的审美对象确立起来，性感便是身体美的最初内容。从对人类审美活动起源、发展的考察，使我们能够充满信心地重申性本能乃是性感审美产生的内在动力。

2. 性本能冲动是性感审美状态的内驱力

“审美状态”是“动物性的快感和欲望的这些极其精妙的细微差别的混合”，“审美状态仅仅出现在那些能使肉体的活力横溢的天性之中，第一推动力永远是在肉体的活力里面。”[③] 美、美感和审美状态都与人的动物性本能、

①［德］马克思、恩格斯：《德意志意识形态》，《马克思恩格斯选集》第 1 卷，人民出版社 1972 年版，第 35 页。

②［英］霭理士：《性心理学》，潘光旦译，商务印书馆 1997 年版，第 490 页。

③［德］马克思：《政治经济学批判》导言，《马克思恩格斯选集》第 2 卷，人民出版社 1972 年版，第 95 页。

欲望、活力和快感密切相关，特别是性本能和快感。性感，以及性感的审美状态，植根于本能的领域，从诞生那天起就与性本能有无法斩断的关系。性感的审美状态在现实生活中体现为“梦”和“醉”，两者在无意识领域皆受到性本能冲动的推动。

弗洛伊德说道，“我们说有主动的及被动的本能，其实，应该说有主动的和被动的本能的目标；因为甚至要达到一种被动的目标也需要付出活动。目标虽可在体内得到，但必照例有一体外的对象，使本能得以达到体外的目标；在其体内的目标则常为一种身体的变化，被经验为满足。”[①] 两种本能的目标正是“梦”与“醉”的区别，“梦”的目标在个体体内达到，然后由内而外地使个体的身体状态发生变化，并且个体可以在其中经验为满足。体外对象的性感刺激了个体无意识中力比多的涌出，愉快感充溢全身，主体则恍然若失。性感表达的审美体验是在个体自身内部达到的，这种愉快只能被个人感受到。性感审美的感受是以对象的身体样态为目标，虽然自身经验到巨大的快感，但必须存在性本能冲动的目标对象。

尼采认为包括最精神的美在内，美都源于性欲的冲动。“因此，兽性快感和渴求的细腻神韵相混合，就是美学的状态。后者只出现在有能力使肉体的全部生命力具有丰盈的出让性和漫溢性的那些天性身上；生命力始终是第一推动力。讲求实际的人，疲劳的人，形容枯槁的人（譬如学者）绝不可能从艺术中得到什么感受。”[②] 他明确地说：“制造完满和发现完满，这是负担着过重的性力的大脑组织所固有的……每种完满，事物的完整的美，接触之下都会重新唤起性欲亢奋的极乐。……对艺术和美的渴望是对性欲癫狂的间接渴望”[③]。这无疑是说，美感和审美要求都源于性这种生命本能；同时，

①［奥地利］弗洛伊德：《精神分析引论新编》，高觉敷译，商务印书馆 1987 年版，第 96 页。

②［德］尼采：《权力意志：重估一切价值的尝试》，张念东、凌素心译，商务印书馆 1991 年版，第 253 页。

③［德］尼采：《悲剧的诞生：尼采美学文选》，周国平编译，生活·读书·新知三联书店 1986 年版，第 354 页。

图 1-2-4 ［意大利］提香：《乌尔宾诺的维纳斯》，1538 年

从文艺复兴时期开始，维纳斯作为一个极具个性魅力的美丽女神，成为各路艺术家迷恋热衷的创作题材，众多艺术大师借助维纳斯的艺术形象来歌颂女性的肉体身材之美，进而寄托画家的情绪与欲望。

美也刺激和唤起性欲这种原始的生命冲动。

性感的“梦”与“醉”都植根于个体的性本能冲动。“梦”缘于性本能冲动，并指向美；“醉”则是外在的人体美唤醒的性本能冲动。

在“梦”中，个体通过自身的装饰，在幻想中无意识地宣泄自己的性本能冲动。正如弗洛伊德对艺术品创作过程的描述那样，“他那最个性化的、充满愿望的幻想在他的表达中得到实现，但它们经过了转化——这个转化缓和了幻想中显得唐突的东西，掩盖了幻想的个性化的起因，并遵循美的规律，用快乐这种补偿方式来取悦于人——这时他们才变成了艺术作品。”①性感表达的过程也是如此。个体在“梦”中幻想着自身性感的展露，用符合时尚审美规律的服饰装扮自身，掩饰了无意识中的性本能冲动，并用幻想的快乐

① ［奥地利］弗洛伊德：《弗洛伊德论美文选》，张唤民、陈伟奇译，知识出版社 1987 年版，第 139 页。

作为性欲冲动的补偿。“在原初的‘艺术家’身上占据优势”的三种要素是“性冲动，醉和残酷”，“这反映出我们自身的丰富和生命欢乐”。[①] 性本能冲动是性感表达的直接动力。

在“醉”中，个体通过直观对象的性感，被唤起无意识领域的性本能冲动。“一切美都刺激生殖——这正是美的效果的特征，从最感性的到最精神性的”。[②]“一切艺术都有健身作用，可以增添力量，燃起欲火（即力量感），激起对醉的全部微妙的回忆”。[③]“醉”的目标是在个体之外存在，必有一体外对象为寄托，但个体力比多的流动却是在体内。个体之外的目标是性欲本能的刺激源，但是个体内在的性欲冲动才是真正审美的动力。性感激起性欲冲动，使个体“燃起欲火”，“增添力量”，陷入“对醉的全部微妙的回忆”，即“醉”的状态。这才是性感审美的状态和效果。在“醉”中，“性兴奋作为副产品出现，向人们提供了他们如此渴望的引发精神状态中潜能的感觉”。[④] 这种潜能就是性欲冲动，也是性感审美的内在动力。

虽然，性欲冲动是性感表达和审美的内在动力，但性感的表达和审美并不是性欲的直接满足。因为性感的美提供给我们的都是一种“直观快乐”，我们在其中“享受来自于我们精神紧张的解除”，感受到“更深的精神源泉中释放出更大的快乐”，且“不必自我责备或感到羞愧”。[⑤] 在性感的表达和审美中，性欲力比多转变了自身的流向，寻找到更高的目标，完成了自我的升华。

---

①［德］尼采：《悲剧的诞生：尼采美学文选》，周国平编译，生活·读书·新知三联书店 1986 年版，第 351 页。
② 同上书，第 324 页。
③ 同上书，第 357 页。
④［奥地利］弗洛伊德：《弗洛伊德论美文选》，张唤民、陈伟奇译，知识出版社 1987 年版，第 21 页。
⑤ 同上书，第 37 页。

三、性本能的审美超越

精神分析美学认为，一切审美和艺术都是被压抑的无意识的“升华”和变向满足。“对人的日常生活的观察使我们知道，很多人成功地把他们性本能力量的相对重要的一部分引向他们的专业活动。性本能特别适于作出这类贡献，因为性本能具有升华能力：就是说，它有权力用另一些有更高价值、却又不是性的目标来代替它的直接目标。”①

性感作为一种审美现象，同艺术一样，是被压抑的性本能冲动的一种升华，它使个体将被压抑的力比多能量转移到对自身的装扮和对对象身体形象的欣赏之上。在性感对性本能冲动的升华中，力比多在目的和对象上都发生了转变。性感审美使力比多不再以生殖为目的，甚至不以直接的性快感为目的，而是将目标转向审美带来的精神的愉悦。在对象方面，虽然力比多在性感审美中仍是以身体作为冲动的方向，但此时身体已经成为不具有质料性、功利性的纯粹形式，力比多的对象转变成了审美对象。

1. 文明对性本能的压抑

“压抑”是精神分析学中重要的理论基石，主要是指意识对于无意识领域中欲望（本能冲动）限制、压制和遏制的过程，无论是有意识还是无意识的、内部的还是外部的。弗洛伊德认为，文明以持久地征服人的本能为基础，人的历史就是人被压抑的历史。马尔库塞在《爱欲与文明》中说，人的首要目标是各种需要的完全满足，而文明则是以彻底抛弃这个目标为出发点的。“人的本能需要的自由满足与文明社会是相抵触的，因为进步的先决条件是克制和延迟这种满足。”所以必须使本能偏离其目标，抑制其目的的实现。由此产生的“所谓文化，就是有条不紊地牺牲力比多，并把它强行转移到对社会

① ［奥地利］弗洛伊德：《弗洛伊德论美文选》，张唤民、陈伟奇译，知识出版社1987年版，第54页。

有用的活动和表现上去”，所以幸福的快感不会成为文化的价值标准。[①]

在被文明压抑的本能中，最主要的就是隐藏在本我中的性本能。“由于在自我本能中看到了力比多成分，想要发现任何不是力比多的本能，发现任何并不表现为爱欲派生物的本能冲动，实际上已经不可能了。”[②]个体的一些本能也许能够进入意识的领域并被察觉，从而允许获得直接的满足，比如饥饿本能。但性本能却无法被主体意识所容忍、接受，因为它与整个社会文明相冲突，所以在文明社会中，个体的性本能始终被压抑在无意识领域，并且这种压抑是由自我来执行的。

快乐原则支配本我在无意识过程中追求并获得快乐，凡是引起不快、痛苦的活动，心灵都拒绝参与，这也表现在人类本能中趋利避害的心理特征。但个体逐渐意识到，快乐原则往往与自然环境和社会环境相冲突，个体的需要不可能得到完全的、无痛苦的满足。在个体经历了无法满足的失望之后，心灵用现实原则取代了快乐原则，即个体学会了为了得到延迟到、受到限制的、却“保险的”快乐而放弃暂时的、不确定的、破坏性的快乐。自我作为本我和外部世界的“中间人”，以“知觉—意识系统为工具来观察和检验现实、摄取并保存现实的真实面目，使自己与这个现实相适应，并为了自身的目的而对它加以改造，从而保证了自己的生存。”[③]为了使自己与现实原则相适应，自我承担着规范本我的任务，通过协调、改变、组织和控制本我的本能冲动，使其与现实的冲突降为最低，即是通过压抑那些与现实原则不符的冲动，通过改变其目标，延缓和转移其满足，改变其满足方式，促进其与其他冲动相结合等方式，来使其与现实原则相一致。在自我中，文明（即外部世界）对性本能的压抑，内化为了个体心灵中自我对本我的压抑。自我的压抑不仅使性本能的“价值标准”以“现实原则”替代了“快乐原则”，而且也使性本

① [美] 马尔库塞：《爱欲与文明》，黄勇、薛民译，上海译文出版社 2005 年版，第 1 页。
② 同上书，第 20 页。
③ 同上书，第 22 页。

能的目的发生了改变。

弗洛伊德提出，如果被压抑的性欲力比多没有进行成功的转移，积蓄的能量就会成为心理病症的源泉。所以，为了个体的平衡，被压抑的拥有巨大能量的力比多常常舍弃性欲的目标，使性的欲望被部分地转移到非性目标上，由此人类欲望及满足欲望的手段都得到了无限的扩大。性欲本能的冲动遵循现实原则将目标转移到文明允许的对象上去，在其中得到欲望的满足，间接地成为人类发展、文明进步的动力。“我们相信人类在生存竞争的压力之下，曾经竭力放弃原始冲动的满足，将文化创造起来，而文化之所以不断地创造，也由于历代加入社会生活的各个人，继续地为公共利益而牺牲其本能的享乐。而其所利用的本能冲动，尤以性的本能为最重要。因此，性的精力被升华了，就是说，它舍却性的目标，而转向他种较高尚的社会的目标。”① 这便是弗洛伊德描述的“力比多的升华”。

图 1-2-5　［意大利］列奥纳多 · 达 · 芬奇：《蒙娜丽莎》，1503-1517 年

弗洛伊德在讲述性本能冲动的升华时，以《蒙娜丽莎》为例，认为达 · 芬奇之所以创作出这幅画，完全是因为对其母亲的迷恋，这种在性欲上对母亲的依恋一直被压在无意识里，当他在蒙娜丽莎身上发现了自己母亲的某种东西，这种性欲转化为一种创作冲动。

2. 性感审美对性本能的升华

精神分析美学的最核心点即在于压抑与升华的矛盾对立，弗洛伊德认为无意识领域被压抑的、遵循“快乐原则”的力比多能量的释放和满足，是艺术和审美的源泉和中心。弗洛伊德在《文明和它的不满》中说，生活给我们带来了太多艰难、痛苦和失望，对此我们不能没有补救的措施。“这类措施

① ［奥地利］弗洛伊德：《精神分析引论》，高觉敷译，商务印书馆 1984 年版，第 9 页。

图 1-2-6 ［意大利］安东尼奥·卡诺瓦：《丘比特与普赛克》，1793 年

雕塑描述了神话中的情节，丘比特的吻使他垂危的爱人普赛克复活。卡诺瓦的作品建立在光滑和富有韵律感的线条、和谐的形象和优美的姿态之上，既表达出了浓浓的情欲，又制造出唯美的气氛。

也许有三个：强而有力的转移，它使我们无视我们的痛苦；代替的满足，它减轻我的痛苦；陶醉的方法，它使我们对我们的痛苦迟钝、麻木。”[①] 这些措施对于我们的生活是必不可少的。除了这些措施之外，“防范痛苦还有一种方式是我们心理结构所容许的力比多的转移，通过这一转移，这种方式的功能获得了那么多的动机性。这里的任务是改变本能的目标，使其不至于被外部世界所挫败。本能的升华借助于这一改变。”[②]

弗洛伊德认为，升华可以使人从更广泛的生活领域获得快乐，以减少压抑为他带来的痛苦。但是升华的方式存在着一个弱点，即不能普遍适用于一切人，因为它需要以人的特殊的气质和天赋为先决条件。这种气质和天赋能够“通过在内部的、精神的过程中寻求满足，来使自己独立于外部世界，”[③] 主要体现在幻想中，集中表现在艺术家身上，并不是所有人都具有的素质。但弗洛伊德仍然承认，艺术在创作和欣赏中都可以带来对力比多的升华。他说“幻想带来的快乐首先是对艺术作品的享受——靠艺术家的力量，这种享受甚至被那些自己并没有创造力的人得到了。……艺术在我们身上引起的温和的麻醉，可以暂时抵消加在

① ［奥地利］弗洛伊德：《弗洛伊德论美文选》，张唤民、陈伟奇译，知识出版社 1987 年版，第 170 页。
② 同上书，第 171 页。
③ 同上。

生活需求上的压抑。”[①]“这首先体现在创造性艺术家本人身上，继而体现在听众和观众身上。……艺术家的第一个目标是使自己自由，并且靠着把他的作品传达给其他一些有着同样被抑制的愿望的人们，他使这些人得到同样的发泄。”[②]由此看来，“弗洛伊德认为艺术的性欲升华作用是重生的，对艺术家来说，他通过他的创作使性欲得到升华，对大多数观众来说，他们通过欣赏达到性欲的满足或宣泄。观众不具有艺术家的特殊才能，但他可以通过观赏艺术来实现自己的深层愿望。”[③]

由上可知，作为给个体带来快乐的性感表达和审美，本质上也是被压抑的、变得乖戾的性本能冲动的升华。对性感的表达来说，个体的自我把力比多能量投射到自己的身体想象当中，依照现实原则协调、改变、组织和控制了本我的本能冲动，在“梦”中幻想自身性感魅力的增强，陷入了忘我的愉悦中，得到内部的、精神性的满足。对于性感的审美而言，个体把自己的无意识要求投射到对象的身体形象上，在主体瞬间独立于外部世界的“醉”中，感受到原始生命力的涌出、提高和充溢，实现性本能冲动的升华。

在“梦”与“醉”的性感审美体验中，个体通过审美实现了力比多能量的释放和满足，从压抑性本能的痛苦中解放了出来，完成了性本能冲动的升华。“正是因为通过美，人们才可能走到自由。”[④]性本能冲动在升华中发生了自身的改变，作为广义的“感性冲动”的内容，性本能冲动融合了来自意识领域的“形式冲动”，转变成席勒所言的“游戏冲动”。

① [奥地利] 弗洛伊德：《弗洛伊德论美文选》，张唤民、陈伟奇译，知识出版社 1987 年版，第 171 页。

② 同上书，第 139 页。

③ 朱立元主编：《现代西方美学史》，上海文艺出版社 1996 年版，第 380 页。

④ [德] 席勒：《审美教育书简》，冯至、范大灿译，北大出版社 1985 年版。

第三节 性感的欲望表达

性本能冲动作为性感审美的内在驱动力，导致了个体对性感的渴望，亦即欲望。欲望与本能是有区别的，本能体现的是人的自然生理特征，欲望由本能推动，但更多地包含了社会的、文化的色彩。换而言之，是否产生欲望也是人与动物的区别之一。

性感是欲望的表达，在“梦”与“醉”的审美体验中，欲望表达的方式有所不同。“梦”通过压缩、移置、意象化和润饰来表达欲望；“醉”则主要体现个体欲望凝固于“他者”，但总的说来，二者都历经“主体无意识欲望——隐喻/换喻——替代性满足”的过程。

除了表达欲望，性感还超越欲望。作为审美现象，性感与艺术一样，属于“悦心悦意”的审美形态，包含着“情欲的人化”内容。一方面，性感审美是情欲的人化的结果；另一方面，当性感独立为一种审美现象，又反过来推动情欲人化的进程。正是通过情欲的人化，性感审美使人的自然情欲转化为了属人的情欲，性感也超越了欲望。

一、有别于本能的欲望

在弗洛伊德的古典精神分析学中，无意识中的“本能”是核心词语，弗洛伊德对无意识的研究主要是通过对本能的研究构建起来的，“欲望”一词被遮蔽在本能之下。但是严格地讲，本能和欲望是有差别的。本能一词更具有自然色彩，而欲望却具有社会、文化色彩。人与动物同样具有本能，但人作为社会中的一分子，欲望却使他与动物区分开来。

弗洛伊德之前，叔本华和尼采也提到性的欲望或渴望，但更多地是指生殖本能或性本能的冲动，没有体现出欲望与本能区别。叔本华在描述“人类生活”的特征时，将它与性的渴望结合在一起。叔本华认为，在人类世界中性关系起着非常重要的作用，性关系才是一切活动和行为的无形的中心点。

尽管它披上了各种伪装，仍然在各种现象中显露出来。它是战争的原因，和平的目的，严肃事件的基础，玩笑的动机，机智的不竭源泉，也是各种暗示——男女间的互递暗号、秋波传情、偷窥倾慕的核心。这一切都因为：“性欲是生存意志的核心，是一切欲望的焦点，所以我把生殖器官名之为‘意志的焦点’。不独如此，甚至人类也可说是性欲的化身……故说，性欲是求生意志最完全的表现和最明确的形态。”[①]“世界虽系由广阔的空间、绵长的时间以及繁复多样的形态所构成，但这一切无非是意志的现象而已，而意志的焦点则是生殖行为，这种行为就是世界之内在本质的最明显表现，是它的核心、根本、精髓。简而言之，宇宙这一大谜团的谜底就是生殖行为……”[②]

尼采也持有与叔本华类似的观点，即把世界、自然、人类的本质归结为一种生命（或强力）意志，一种神秘的、本源性的意志。这意志不是单个人心理结构中的“意志”，而是一种生生不息运行并演化出整个世界的意志。尼采看来，意志就是一种永恒的生命冲动或本能。他说：“我认为，生命本身就是本能，就是追求力的成长、延续以及追求力的累积、追求权力的本能……”[③]可见，叔本华和尼采并没有区分性本能冲动和性欲望，欲望成了本能冲动的代名词。

在弗洛伊德的著作中，虽然“本能”与“欲望”这两个词经常重叠在一起，但仔细分析弗洛伊德的描述可以发现，二者之间仍然体现着不同。特别是性本能和性欲望的差异，表现得更加明显。弗洛伊德将人格分为本我、自我和超我，提出在本我无意识中，存在着被压抑的本能冲动。这被压抑的本能冲动主要是“性的冲动，而称其势力为‘力比多’”。[④]性本能冲动虽被压抑而能量仍在，力比多常常舍却性欲的目标，将性的欲望转移到非性的目

①［德］叔本华：《爱与生的苦恼》，陈晓南译，中国和平出版社1986年版，第68页。
②同上书，第144页。
③［德］尼采：《反基督》，陈君华译，河北教育出版社2003年版，第72页。
④［奥地利］弗洛伊德：《精神分析引论新编》，高觉敷译，商务印书馆1987年版，第75页。

标上，这便是弗洛伊德描述的力比多的升华。可以看出，虽然力比多的升华是性欲目标的转移，但实际升华的不是性的欲望，而是性冲动的力比多。在对“力比多”概念进行说明时，“弗洛伊德解释说，力比多完全类如饥饿，它标志着一种力量，伴随这种力量表现出一种欲望，即性的欲望，力比多就是性欲背后的一种潜力。”[①] 这样看来，性欲望是建筑在性本能基础之上的，由性冲动产生。这就是性本能和性欲望的区别。

另外，弗洛伊德认为欲望也是一种能量，和本能一样处于无意识中，它也能引起个体的行为，以达到满足自己的目标。弗洛伊德认为，生命伊始，人的性功能就产生和发展了，性冲动引发的欲望在婴儿期就已经出现。因此他把人的性欲的发展分成几个不同的发展阶段，每个阶段，由于力比多投注的对象不同，人身体上都会出现一个能使力比多兴奋满足的中心——动情区或情感带。“第一阶段是口腔阶段，动情区是嘴，婴儿吮吸乳头是最初的性欲冲动。第二阶段是肛门阶段，动情区是肛门。第三阶段（3—6 岁）是阳物崇拜阶段，动情区是生殖器。第四阶段是性欲潜伏阶段（六岁以后到青春期），这时性欲受到压抑，以停顿和颠倒的形式表现出来，快感的来源转移向外部世界，常常以对外界的好奇心获得满足和知识的获得为目的。第五个阶段是生殖欲期（青春期至成年期），这时性欲的发展进入实际的生殖阶段。”[②] 从弗洛伊德对性欲发展的分析可以看出，他所说的性欲已经有了更广泛的内容。弗洛伊德强调在“性”的概念和“生殖器”的概念之间的明确区别，他认为“前者是更为广泛的概念，它包括许多不涉及生殖器的活动”。[③] 他指出，“经过长时间的思考和更多的观察之后，我遂相信身体各部分乃至一切

① 朱立元：《现代西方美学史》，上海文艺出版社 1996 年版，第 372 页。
② 同上书，第 372 页。
③［奥地利］弗洛伊德：《精神分析纲要》，见《弗洛伊德主义原著选集》，车文博主编，辽宁人民出版社 1988 年版，第 542 页。

内脏器官皆可以是快感区”。[1]他对性的定义很广泛，所有能带来肉体的愉快感的接触，皆可称为性的。因此他所指的性欲，也随着性概念的扩展而扩展，性欲可以指“一切与‘爱’字有关的那些本能的力。一方面是自我爱，另一方面是父母爱、子女爱和一般的人类爱，以及对具体对象和抽象观念的忠诚……精神分析研究表明，所有这些倾向都是同一类本能冲动的表现。”[2]弗洛伊德的欲望观从生殖器产生快感的冲动扩展到了所有“爱”的能力和欲望。在两性关系中，这些冲动竭力要求达到性的结合，但在其他的场合，他们的这个目的被转移了，或者说它的实现受到了阻碍。弗洛伊德认为所有这些欲望都保持着自己原来的本性，例如渴望亲近和献身等，并且相信，人的一切快感都直接或间接的与性欲有关。性欲在弗洛伊德的理论中虽然仍被冠之以性欲的名称，但其内涵已被扩展。

图 1-3-1 ［法］欧仁·德拉克罗瓦：《在墓地的哈姆雷特和赫瑞修》，1834—1843 年

《哈姆雷特》是英国剧作家威廉·莎士比亚著名的戏剧作品。弗洛伊德在分析哈姆雷特王子的行为时指出，当王子得知自己的杀父仇人是自己的叔父之后，却对报仇充满了犹豫。这并不是因为王子是一个优柔寡断的人，而是因为他叔父的行为满足了他心灵深处埋着的杀父娶母的潜意识，“使他看见自己童年时代受到压抑的愿望的实现”。叔父不过是无意识中的自己，杀死了叔父就等于杀死了自己。而人们喜欢这部剧的原因在于，《哈姆雷特》所揭示的主题，正好宣泄了每一个人的欲望，使观众获得了心理的满足和快感。

虽然弗洛伊德没有直接说明本能与欲望的差异，但是从他的分析中可以看出，本能和欲望是不同的，是不能互换的，因为欲望不具有来自人类遗传和荣格所说“普遍的一致性”的特征，它是由本能产生的，本能的冲动产生了欲望，本能先于欲望而存在。个体欲望常常指向一个明显的对象或目标，它具有个别的特性，所以欲望与本能终究还是存在区别。打个比方，

① ［奥地利］弗洛伊德：《性欲三论》，赵蕾、宋景堂译，国际文化出版公司 2001 年版，第 83 页。
② ［奥地利］弗洛伊德：《本能的冲动与成功》，文良文化编译，华文出版社 2004 年版，第 173 页。

人对于维持生命的食物的需要可以说是本能，但是人对于超出维持生命目的的食物需要（美食）就是欲望，动物仅仅是为了本能的需要而进食，而人类进食则更多是出自对食物的欲望。在欲望的层面，人与动物也体现出了区别。

结构精神分析学家拉康的欲望观与弗洛伊德的不同，首先他使用处于个体不同层次的需要（Need）、欲望（Desire）和要求（Demand）来取代了弗洛伊德的本能论。当拉康使用这三个层次的术语来取代弗洛伊德的本能论后，无疑会使欲望的真正地位与性质更加清晰，在这三个层次中突出的问题是主体欲望的异化，欲望产生于需要不能被满足的时刻，但欲望却又不能被直接表达，因此欲望只能以要求的形式出现，所以拉康的欲望观着重于语言文化对欲望的阉割。

拉康提出对人的精神分析不应该从发生俄狄浦斯情结[①]开始，而应该更早。他研究6—8个月的幼儿。他发现，正是在这个时期形成了人成长中的重要形式：镜像，即幼儿发生了自身分离以及由分离出来的东西来确认自己的行为——他或者通过制造“麻烦”并招徕“回应”以确定自己，或者通过对成人或其他儿童的模仿性姿态的反应中来确认自己。

拉康认为，在从婴儿出生到镜像阶段之前，主体处于“需要”为主的时刻，这时的欲望是身体本能所导向的声音、凝视、母亲的胸脯等，这不是人类真正的欲望，动物毫无疑问也有这类的欲望。“需要”来源于生命的匮乏，体现着人的生物性，它总是指向一个维持生存的特殊对象，当人得到这个对象时，“需要”便得到了满足。但相对于婴儿的匮乏而言，这种满足只是一种幻想的满足，因为婴儿所渴望的原始完整状态一去不复返了，也就是说，匮乏是一种最古老、也是最持久的动力状态。一旦主体获得了语言，它便尝试以这样或那样的方式去译解他的需要，需要转化为需求，然而却违背了它

① 俄狄浦斯情结（Oedipus complex），也被称为恋母情结。相传希腊神话中，王子俄狄浦斯在命运的捉弄下，违反意愿，无意中杀死生父，娶母为妻。弗洛伊德以此来描述性器期（3—6岁）出现的儿子依恋母亲、害怕父亲的情况。

的真实性。所以拉康认为，“真正的匮乏、需要和本能对象就永远丧失了，被投入茫茫潜意识之中。主体被分裂为两部分：他的潜意识真实性和部分反映这个真实性的意识语言。”[①] 语言促使需要转变为需求，同时，也就造成了需要与需求之间的分裂和脱节。因为需求是以语言的形式提出的，而聆听需求的他人是主体难以完全控制的，需要与需求之间就不可能百分之百地对等，在二者之间的断裂处诞生了欲望。拉康说，在由需要转变为需求的过程中，那部分遗漏的、不能表达为需求的需要，就被人们体验为欲望，欲望诞生于需要与需求的间隙，欲望处于潜意识之中，只有替换之后才能进入意识生活。拉康还不断强调，欲望问题既超越于需求，又在需求之前存在。[②]

图 1–3–2 ［美］诺曼·洛克威尔：《对镜女孩》，1954 年

天真无邪的小女孩，穿着白色睡裙，坐在镜子前，歪着头端详着自己的面容，顾影自怜。镜像对于人类而言是非常重要的。个体正是通过镜像，真正意识到自我，以及外在于自我的世界。

拉康认为，人类的真正欲望形成于镜像阶段之后，在意识到自我与客体的分离之后，婴儿进入符号的世界，此时的欲望产生于对他者的依赖，超越了上一个层次对一个个体的性客体的欲求。由于欲望对他者的依赖，此时的欲望是永远无法满足的欲望，“我一直发现我的欲望存在于我的外部，因为我所欲望的总是某些我所匮乏的东西，即相对于我的他（Other）”。[③] 这与克尔凯郭尔颇有接近之处，克尔凯郭尔指出：“欲望拥有将成为其欲求对象之物，但并未

① 王小章、郭本禹：《潜意识的诠释》，中国社会科学出版社 1998 年版，第 221 页。
② 同上。
③ 同上书，第 225 页。.

欲求便拥有了它，因而没有拥有它……一旦欲望醒来，或者更正确地说是处于唤醒状态，并随着它的唤醒，欲望和欲望的对象就被分开了。”① 他们都重点指出了欲望的不可真正满足的性质。

由此可见，拉康的欲望观注重的不是欲望内容的剖析，而是从欲望的产生、本质来看主体欲望与社会文化的关系、欲望与他者的关系、欲望存在的状况。通过将结构语言学与精神分析学相结合，拉康使欲望的概念带上了更多的文化色彩。通过对无意识欲望的性质和内涵的突破和拓展，欲望的话语地位也进一步提高，欲望得以在一种更为宽广的语境中被谈论。以拉康的观点，欲望总是不可能真正被满足的，它永远处在匮乏之中，所以个体不停地产生欲望，满足欲望，继而产生新的欲望。欲望只有在无意识的工作下，经过隐喻与换喻后，才能进入意识系统，也进入了可被人接受的符号系统，这时，它的满足才成为可能。但是，由于欲望不是直接表达的，所以它的满足也不是直接的，而是间接的满足。

二、性感的欲望表达结构

在艺术现象中，欲望有其独特的表达结构，这种结构借用语言学的方式，可以表述为“主体无意识欲望——隐喻／换喻——替代性满足”。对这一结构的反溯可以帮助我们从欲望的角度更好地解释性感的表达。如果运用拉康的结构精神分析学的理论，则性感审美可被表示为“能指”向“所指”的追溯，性感作为一个能指的符号，永远都处在对所指——那不在场的欲望的追寻中。这一结构不仅存在于性感的欲望表达和性感装扮中，同时还存在于性感审美者与对象的关系中。

按照弗洛伊德的观点，艺术作品诞生于无意识的伪装之中。由于受到压抑，艺术家的性欲望也只能改头换面，通过艺术创作来获得力比多的升华，

① ［丹麦］克尔凯郭尔：《论被欲求之物》，载《战栗与不安》，阎善等译，陕西师大出版社 2002 年版，第 47—48 页。

艺术创作是艺术家进入想象王国的途径。艺术家与精神症患者的区别在于，他知道由现实王国进入想象王国的途径，也知道由想象王国退回现实王国的途径。一方面，在这种转换中，艺术家被压抑的无意识欲望经过力比多的升华，改变了性的指向，通向了文化创造的圣殿，由此而产生了艺术，所以艺术创作实际上可被看作无意识欲望的隐喻表达。另一方面，艺术家要使他的作品为世人所共赏，他的无意识欲望还必须被伪装，通过隐喻、换喻等方式进入共同的符号系统。借助精神分析学对艺术作品进行反向的解读，就可以发现艺术作品处在一个无意识的欲望结构中，而观者对于艺术作品的解读同样具有欲望的成分，观者的愉悦即来自其自身欲望的满足。

欲望的伪装实际上和《释梦》中弗洛伊德谈的梦的工作方式没有太大的区别，两者都是无意识的工作方式。梦的工作方式主要是以下四种：缩聚、移置、意象和润饰。在《诙谐及其与无意识的联系》一书中，弗洛伊德详细论证了诙谐与无意识的联系后指出，诙谐产生于无意识中。诙谐的工作技巧也是如此，“我们发现诙谐的特点和结果都被局限在一定的表达形式和技术手段之内了，其中最为显著的是凝缩、移位和间接表达”。[①] 由此可见到，无意识欲望的表现主要是通过诸多伪装的方式表达出来的。“总之，正是借助于替代的可能，一种欲望才得以自我表白。”[②] 既然如此，那么对欲望伪装结构的探究也就显得至关重要了。弗洛伊德自己就提到了在无意识工作与语言学之间存在的可能联系，“你们更可由和梦的工作平行的现象可知道精神分析和他种研究的关系，尤其是关于语言思想发展的研究。”[③] 这提醒了一些学者从语言学角度开始探索欲望的表达。

---

①［奥地利］弗洛伊德：《诙谐及其与无意识的联系》，常宏等译，中国文联出版公司 2002 年版，第 174 页。

②［法］萨福安：《结构精神分析学》，怀宇译，天津社会科学院出版社 2001 年版，第 19 页。

③［奥地利］弗洛伊德：《精神分析引论》，高觉敷译，商务印书馆 2003 年版，第 139 页。

早在18世纪，维柯就讲出了文明最初阶段的隐喻和形象的语言，拉康在1950年提出的学说却引起了更广泛的影响。拉康从语言学结构的角度出发，看到在隐喻与缩聚之间、在换喻与移置之间存在着一致性。隐喻的原意是用语言代表与其字面意义不同的事物，它的字根意义是变形、变质；缩聚则是指把无意识中一些原本是分散的因素结合到一起，它所依据的是这些因素之间的相似性和因果联系。弗洛伊德指出，“我们发现‘凝缩作用’的特点即在梦内容中找出那些一再复现的元素，而构成新的联合（集锦人物，混合影像）以及产生一些共同代号”。[①] 换喻则依赖符号之间的临界关系，以事物的部分来代表全体，移置具有同样的性质。关于移置和换喻的相关联性，弗洛伊德说：“置换基于一连串的联想，此种程序能发生于任何一种精神领域，而置换的结果可能是一元素代替了另一元素，或者是某一元素的语言形式被另外一种所取代”。[②] 用索绪尔的话来说，隐喻从本质上讲一般是“联想式的”，它探讨语言的“垂直关系”，而换喻从本质上讲一般是“横向组合式”的，它探讨语言的“平面的关系”。正如罗曼·雅各布森认为，在绘画中可以把立体主义区别为换喻的模式，把超现实主义区别为隐喻的模式。在这个理论基础上，拉康把无意识运作的方式缩聚和移植，代之以来自语言学的概念：隐喻与换喻，他的欲望观也可用语言学的方式描述为“欲望即换喻”。基于在语言结构与无意识的运作之间的联系，我们可以说隐喻和换喻是无意识欲望表达的结构方式，对欲望的还原必须揭示这个伪装的表达结构。

性感的两种体验——性感的表达与性感的审美中，欲望表达的方式是不同的。在“梦”中，即性感的表达时，隐喻和换喻是无意识欲望的表达方式；在“醉”中，即性感的审美时，欲望的表达更主要体现在流动的欲望凝固于他者。

弗洛伊德对“梦”的运作方式的总结，正是性感的表达中无意识欲望的

① [奥地利]弗洛伊德：《梦的解析》，罗林等译，九州出版社2004年版，第116页。
② 同上书，第139页。

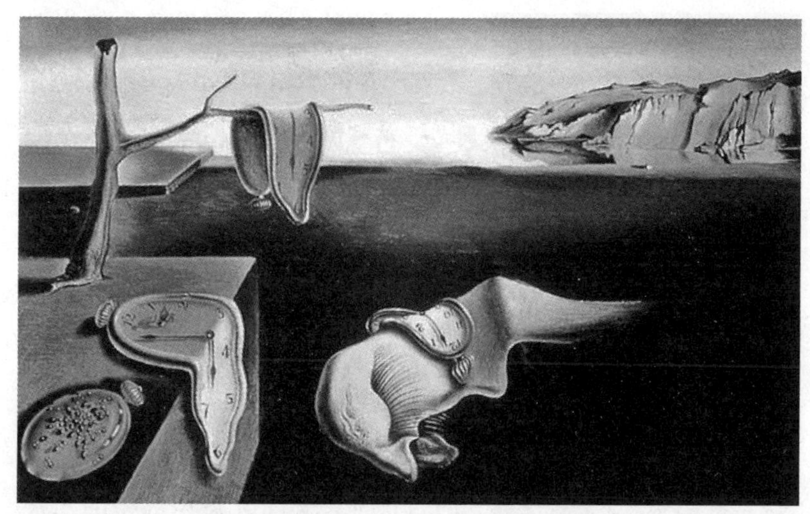

图 1-3-3 ［西班牙］萨尔瓦多·达利：《记忆的永恒》，1931 年

达利，超现实主义代表画家，善于在绘画中表现“由弗洛伊德所揭示的个人梦境与幻觉”。达利承认自己在《记忆的永恒》这幅画中表现了一种自己不加选择的梦境，并且尽可能精密地记下了自己的潜意识，记下了自己梦中每一个意念的结果。

表达方式。弗洛伊德认为，梦都有显意和隐意两个方面，显意就是梦的形象元素；隐意就是那不能直接进入意识的无意识要求。弗洛伊德的梦的显意和隐意相当于索绪尔的能指和所指。梦的显意和隐意之间有复杂的关系，弗洛伊德总结出共有四种：1. 以部分代替全体，也就是梦的显意部分只出现无意识内容的某个部分，以代替全部无意识；2. 隐喻；3. 意象；4. 象征。无意识内容之所以能以这四种关系方式表达出来，靠的是梦的运作。梦的运作方式主要是：第一，压缩，即将梦的隐意浓缩在一个简单的形式中；第二，移置，即用无关紧要的事项来代替隐意的内容，或者转移到一个不重要的元素上；第三，意象化，即将无意识内容变为视象；第四，润饰，即将梦运作的直接产物合成一个连贯的整体。在润饰时，梦的材料往往排成与梦的隐意不大相同或完全相违背的次序，为达到这个目的，梦的运作中穿插交错无所不用其极。①

① 牛宏宝：《西方现代美学》，上海人民出版社 2002 年版，第 197—198 页。

图 1-3-4（图片来自网络）

站在镜子前面的大女孩，亲吻着镜中的自己。欲望的表达是流动的，既可以凝固于个体之外，也可以指向自我。

性感的表达也遵循弗洛伊德所说的梦的运作方式，是欲望由隐到显、由内到外的表达。首先，是对无意识欲望的压缩，将欲望凝结在个体幻想中自我的身体形象上。其次，个体并不追求欲望得到直接满足，而是通过移置，用身体的装饰品来代替隐匿的欲望。再次，个体通过对自身的身体装饰来使自己无意识的欲望意象化，并表现于个体的外在形象上，使其能被视觉所把握。最后，完成润饰，借对自己身体的装饰表达了欲望，同时合理地掩藏了无意识欲望的内容。正如很多身体的装饰品都被认为是带有性意味的，暗示着欲望。比如男人的领带被认为是男性生殖器官的象征，对领带结充实坚挺的要求被认为是男性生殖能力的象征。而女性的高跟鞋被认为是女性生殖器官的象征。“漂亮的高跟鞋并不能把你的身体遮住，反而能让你把更多的衣服脱掉。”著名的鞋履设计师克里斯堤·鲁布托①一语道破高跟鞋背后隐秘的情欲暗示。

在性感的审美中，欲望的表达则主要体现在流动的欲望凝固于“他者”。而这个“他者”存在于个人的欲望中，是个体虚幻的自我。比如，在恋人的相互追逐中，其实追逐的对象就是这个“他者”，但这个“他者”并不是真实的他/她，而是虚幻的自我。因此，情人以为拥抱的就是自己所爱的他/她，其实拥抱的不过是“他者”——虚幻的自我而已。在性感审美中，个体将自己的欲望凝固于“他者”，但实际上，这个“他者”正如物自体的表象一般，

① 克里斯堤·鲁布托（Christian Louboutin），法国著名的女鞋设计师。红底鞋时期招牌标志，其设计女鞋以凸现女性的柔媚、美丽和不张扬的成熟性感而著称。

只是虚幻的自我。正是欲望的凝固使自我与“他者”发生了审美关系，审美不过是表达个体自身的欲望。

《后汉书》中记载了关于光武帝欣赏“烈女图”的故事，可以作为一个例证。在汉代，在儒家思想的影响下，艺术承担着教化的功能。当时虽然流行女子画像，但多以“烈女传”为题材，着力刻画节妇贞女的事迹，具有劝诫的意义。作品均表现得十分严肃，至今从汉代画像石遗作仍得以一见。《后汉书》记载宋弘有一次晋见光武帝时，光武帝好几次回顾身旁的《烈女图》屏风，于是宋弘立刻摆起面孔，严肃地说：“未见好德如好色者。”皇帝听后，便命人撤去了屏风。抛弃了绘画的教化功能，忽视了绘画的道德内容，仅仅将《烈女图》当作美人图来欣赏，这可以说是欲望在审美中的表达。画像中的女性，作为“他者”，成为了主体欲望的寄托，欲望凝固于“他者”，并事实上完成了欲望自身的表达。

《罗丹艺术论》中的一段生动谈话，也表现了审美中的欲望表达。书中写道，在罗丹的工作室中，摆着一尊维纳斯的雕像，正是为了在工作的时候激起自己的灵感。一次，他发现在灯光下的雕像更为动人，于是拿着灯，并不断地转动着转盘，与葛赛尔谈论着对作品的美的新发现：“妙不妙？你得承认，你想不到会发现这么多细微的地方。你瞧，连接腹部和大腿的山谷，不断在起伏……臀部的富有肉感的曲线，你要细加玩味……现在你瞧那里……腰部的令人销魂的浅涡。”罗丹低声说话，带着一种虔诚的热爱；并像情人似的，俯身在这座石像上。“这是真的肌肉！”“真好像是在接吻和爱抚的气氛中塑成的！”他忽然把手平放在雕像的臀部上，说：“抚摸这座像的时候，几乎会觉得是温暖的。”① 一座冰冷的雕塑在欣赏者的眼中仿佛拥有了生命，从罗丹语言的描绘中可以发现，更多地是在叙述个人内心的感受和体验。列斐伏尔在他的《美学概论》中对观赏维纳斯雕像时的心理进行了剖析，“观众目光的饱满性在这种情况下正是与欲望联系着，而且这种欲

① [法] 罗丹口述，葛赛尔：《罗丹艺术论》，傅雷译，人民日报出版社 2000 年版。

望正是裸体女人被人设想成是实际存在的这一事实的原因。”[①] 这也正说明了性感的审美中，“醉”的体验恰是欣赏者自我的欲望表达。

由于性感的欲望表达不是直接的，而是通过伪装进行的间接表达，所以它的满足也不是直接的，而是主体获得的替代性的满足。在这满足中，欲望逐渐被审美超越，并且在这个过程中完成了“内在的自然人化”，实现了“情欲的人化”。[②]

三、性感的欲望满足与超越

对欲望的超越，宗教、哲学和艺术是通过不同的途径来实现的。宗教凭借意志；哲学推崇理性；艺术则依托情感。

图 1-3-5 欢喜佛画像（图片来自网络）

欢喜佛是印度密教与西藏当地信仰结合的藏传密宗的本尊神，代表法的男身与代表智慧的女身交合的欢喜佛只是某种意义的象征性的表相，更能够利用“空乐双运”产生了悟空性，达到“以欲制欲”之目的。

宗教倾向于将欲望视为原罪，最具代表的就是基督教。一方面鼓吹禁欲主义，以压抑肉体人和物质人的欲望；另一方面提倡性的神圣化，藉以引导灵魂的升华，得以在死后重返天国。然而相反地，有些宗教也把性视为创造宇宙生命的神秘力量，比如古印度的某些教派和密宗，希求于男女两性的“参交”，企图悟出生命最原始的力量。印度佛教里的欢喜佛，就是典型代表之一。除了这两种极端的走向，一般的教派基本都把欲望视为人间烦恼之源，肉体人或物质人应该

① 陈醉：《未来的人是审美的——人体艺术漫谈》，陈醉编：《人体美与性文化》，中国文联出版公司，第 23 页。

② 李泽厚：《美学三书》，安徽文艺出版 1999 年版，第 470 页。

图 1-3-6 [法] 亨利·马蒂斯：《生活的欢乐》，1905-1906 年

马蒂斯在画中描绘了 1905 年夏季在西班牙边界附近的柯里欧尔渔村的生活，它同时也与多少世纪以来一直在欧洲人头脑中萦绕的，摆脱尘世丑恶与烦恼的神秘乐园——阿尔卡迪亚乐土的古老梦想，有着极为密切的联系。在作品中，情欲快感的主题，经过艺术的创作和加工，升华为了美感。

尽量自我克制，同时把灵魂的博爱——没有受到一丝欲望玷污的爱，发挥到极致，死后才能重返彼岸世界，去安享灵魂的美丽生活。正如禅宗所言“色即是空”，就是要让人认清世间的真相，不为尘世、欲望所囿。

再就哲学而观，强调的是用理性，包括认知理性和实践理性来超越欲望。理性是人之为人的根本，是人与动物区别之所在；感性作为人与动物的共性，则是人性中应该被超越的部分。欲望和本能是感性中最动物性的内容，更是应该被深深地压制在理性之下。为了社会和平共存的生活，哲学一方面要求肉体人或物质人禁欲，实践社会人的性与善；另一方面则极力鼓吹精神人的欲望升华，以精神人的大爱或社会爱，去替代自私自利的性爱。

最后，就艺术而言，除了以谋利为目的的色情文艺，真正的文艺创作者，即使是以性欲的快感为题材或对象，在经过主观想象与艺术创作的过程之后，终极的目标与目的只为了展现精神人的无私快感：性欲升华后的美感。因此，所有与欲望有关的真正文艺创作品，都带有一种理想文化的社会功能，即提升现实文化中的欲望，使其更能符合社会善与社会期待的共契或共识。

性感作为一种审美体验，同艺术一样，具有超越欲望的能力。性感体验在李泽厚所划分的审美形态中，属于"悦心悦意"的层面，具有"内在自然的人化"功能。性感体验使人的自然欲望升华为属人的欲望，并用属人的欲望最终取代了人的自然欲望，实现欲望的超越。

在《美学四讲》中，李泽厚从自然人化、积淀和文化心理结构出发，讲到对审美形态的区划原则。认为人（包括人类和个体）的审美能力形态可以划分为三个方面："悦耳悦目""悦心悦意"和"悦志悦神"。悦耳悦目指的是人的耳目感官感受到的快乐，是非常单纯的感官愉快。这种快乐已经包含了想象、理解、情感等多种功能的动力综合，只是还没有被自觉意识到。审美愉快虽然具有自然生理的愉悦与满足，但是远远不止于此。通过耳目感官，愉悦走向内在心灵，这就是悦心悦意。而"悦志悦神"则是崇高感的特征，是在对自然性生理性的强烈刺激、对立、冲突、斗争中，社会性、理性获得胜利，从而使感性得到了陶冶、塑造和构建。在这三种审美形态中，"悦心悦意是审美经验最常见、最大量、最普遍的形态，几乎全部的文学作品和绝大部分的艺术作品都呈现、服务和创造着这种审美形态"，[①] 性感审美也在其中。

在悦心悦意的审美形态中，包含有"情欲的人化"方面的内容。如同悦耳悦目使人的感官生理日益高级化、复杂化、丰富化一样，悦心悦意也同样使人的感性情欲日益高级化、复杂化、丰富化。这也即是"人化"的具体呈现。马克思在《1844 年经济学哲学手稿》中讲到"自然的人化"思想，李泽厚在此基础上明确提出"自然的人化"的两个方面。"一方面是外在自然的人化，

① 李泽厚：《美学三书》，安徽文艺出版社 1999 年版，第 495 页。

图 1-3-7　郁达夫小说《沉沦》封面

郁达夫在小说《沉沦》中，以“自叙体”倾述了自我的情欲，并对其进行了深刻的内心剖析，审视了自我内心中灵与肉、伦理与情感、本我与超我的矛盾冲突。

即山河大地、日月星辰的人化。人类在外在自然的人化中创造了物质文明。另一方面是内在自然的人化，即人的感官、感知和情感、欲望的人化。动物也有感知、欲望和情感，动物性的感知、欲望、情感变成人类的感知、欲望、情感，这就是内在‘自然的人化’。人类在内在自然的人化中创造了精神文明。”① “从美学上讲，外在自然的人化使客体世界成为美的现实。内在自然的人化使主体心理获得审美情感。前者就是美的本质，后者就是美感的本质，它们都通过这个社会实践历史来达到。”②

而“内在自然的人化”又可分为两个方面：感官的人化和情欲的人化。马克思所言五官感觉的形成是世界历史的产物，体现的就是感官的人化。所以人类听音乐的耳朵，欣赏绘画的眼睛，拉小提琴的手，都是随着人类历史的发展而出现的，这种进化不只是生物性、生理性的，而是由社会事件所造成的。第二种是情欲的人化。“这是对人的动物性的生理情欲的塑造或陶冶，与人是具有感性欲望的个体存在的关系极为密切。”③例如性作为一种欲望，是动物与人共同存在的本能的体现。但动物只有性本能而没有爱的欲望，由性变成爱的需求和欲望却是人所独有的。这就是情欲人化的结果。

① 李泽厚：《美学三书》，安徽文艺出版社 1999 年版，第 417 页。
② 同上书，第 466 页。
③ 同上书，第 470 页。

审美经验中，无论是欣赏还是创作，都包含着情欲人化的内容。在其中，不可言说的本能、冲动、欲望、情绪、意念亦即感性底层的无意识，通过一种心理的形式结构被表露和召唤出来，一方面宣泄自身；另一方面也受到节制。还有其他一些情欲、行为、心境、理念被压抑，而通过审美获得解放和宣泄。在悦心悦意中，人的本能情欲由于处在多种心理功能（例如理解、想象等）的结构组织中，被“人化”了。“人对人的直接的、自然的、必然的关系是男人对妇女的关系。在这种自然的类关系中，人对自然的关系直接就是人对人的关系，正像人对人的关系直接就是人对自然的关系，就是他自己的自然的规定。因此，这种关系通过感性的形式，作为一种显而易见的事实，表现出人的本质在何种程度上对人来说成为自然，或者自然在何种程度上成为人具有的人的本质。因此，从这种关系就可以判断人的整个文化教养程度。”① 这既是说：“性欲成为爱情，自然的关系成为人的关系，自然感官成为审美的感官，人的情欲成为美的情感。这就是积淀的主体性的最终方面，即人的真正的自由感受。”② 而“积淀”，“正是指人类经过漫长的历史进程，才产生了人性——即人类独有的文化心理结构，亦即从哲学讲的‘心理本体’，即人类（历史总体）的积淀为个体的，理性的积淀为感性的，社会的积淀为自然的，原来是动物性的感官人化了，自然的心理结构和素质化成为人类性的东西。”③

所以，“在审美中，这种超生物性已完全融解在感性中。它的范围极为广大，在日常生活的感性经验中都可以存在，它的实质是一种愉快的自由感。所以，吃饭不只是充饥，而成为美食；两性不只是交配，而成为爱情；从旅行游历的需要到各种艺术的需要；感性之中渗透了理性，个性之中具有了历史，自然之中充满了社会；在感性而不只是感性，在形式（自然）而不只是

① ［德］马克思：《1844 年经济学哲学手稿》，人民出版社 2000 年版，第 80 页。
② 李泽厚：《批判哲学的批判》，天津社会科学出版社 2003 年版，第 435 页。
③ 李泽厚：《美学三书》，安徽文艺出版社 1999 年版，第 466 页。

形式，这就是自然的人化作为美和美感的基础的深刻含义，即总体、社会、理性最终落实在个体、自然和感性之上。马克思说，‘旧唯物主义的立脚点是市民社会，新唯物主义的立脚点则是人类社会或社会化的人类。’”①“马克思主义的理想是全人类的解放，这个解放不只是某种经济、政治要求，而具有许多更为深刻的重要东西，其中包括要把人从所有异化的状态中解放出来。美和审美真是一切异化的对立物。当席勒把‘游戏冲动’作为审美和艺术本质时，可以说已开始了这一预示。人只有在游戏时，才是真正自由的。”②

性感犹如艺术，既是“情欲的人化”的成果，又可以作为一种人化的手段，继续将人的自然情欲人化为属人的情欲，再将这种属人的情欲自然化。这就是性感对欲望的超越。

第四节　性感的“第一契机”

“审美无利害关系”作为康德美的分析论中的“第一契机”，被认为是审美感觉与非审美感觉的重要标志，被视为西方现代美学的开端。严格意义上的所谓“功利”，是指那些旨在维系人的肉体生命，满足人的生理需求的物质性、实用性因素，并因此与那些旨在维系人的精神生命，满足人的精神需求的因素形成了鲜明的对照。在审美这个隶属精神王国的领域内，审美与功利之间的关系问题也因此总是吸引着美学家们的关注目光。

从经验层面看，性感的确无法彻底割断自身与性的本能体验和欲望的隐匿关系，这一点也是强调“审美无关利害”的美学家将“性感”拒斥在审美之外的主要原因。但是，性感体验中的审美因素也是不能否认的。那么，性感体验是否可以成为审美活动，关键就在于个体是否在审美层面来感受性感。

① [德]马克思：《关于费尔巴哈的提纲》，《马克思恩格斯选集》第1卷，人民出版社1972年版，第16页。

② 李泽厚：《批判哲学的批判》，天津社会科学出版社2003年版，第413—414页。

图 1-4-1 ［日］喜多川歌麿的浮世绘作品 约 1793 年

喜多川歌麿的浮世绘作品中，不乏以描绘性风俗为主题的作品，以袒露的细嫩肌肤，极力表现肉体的柔软弹性和人物的细腻情感。色彩结构极为简练，省略了间色繁复的线条与背景，以单纯平坦的套色手法渲染人物的表情、姿态与时代感。虽以性爱为主题，但也体现了艺术的美感。

1986 年，瑞典伦德市立美术馆（Lund Konsthall）举办过一次国际春画艺术作品展，其中大量性爱艺术作品造成了巨大轰动，也引发了热烈讨论。在展览开幕后的第二个礼拜，展览策划人 Eberhara Kronhausen 在接受采访时说道："这次展览显示一个重要事实：性爱的题材可以用艺术化、富于美感又十分令人愉快的手法表现出来。这或许就是这次展览在美感层次上最重要的贡献吧！""可能会使很多人在看到有关性爱美术作品时有了一种新视野，使人们在观赏时有机会吸收、欣赏图画中美感和艺术的层面，不为其性爱主题太过强烈的吸引，而造成只有性欲的反应。"① 性爱主题的艺术，如果是用艺术化、富于美感的手段来表现，用欣赏、审美的角度来观照，就是有充足理由的。那么对性感而言，如果超越了直接的功利性，并且用审美的心胸来直观，引发的愉快感就应该被纳入美感的领域。而这些，恰恰是在当代时尚文化中性感的审美实践的现实状况：性感所以引发美感，并不仅仅是因为它能给人以快感，而且是因为它能给人以审美的快感。

西方美学史上，康德从理论上系统阐发了"美无关于利害"的观念，他"从第一契机推得的美

①《色情耶！艺术耶！——看瑞典国际春画展》，《雄狮美术》专稿，原载于台湾《雄狮美术》1983 年第 4 期。转引自陈醉编：《人体美与性文化》，中国文联出版公司，第 164 页。

的说明”是：“鉴赏是通过不带任何利害的愉悦或不悦而对一个对象或一个表象方式作评判的能力。一个这样的愉悦的对象就叫作美。”[①] 其中强调了审美的愉快“不带任何利害”的“质”的特征，与功利性的快适存在本质的区别。正如花可以是美的，因为人对它的鉴赏只涉及花的表象中合目的性的单纯形式。相反，美味佳肴并不是美的，而是快适的，因为它涉及“间接地、以及通过那预见到后果的”[②] 有用性。美感中固然有快感的成分，但快感并不就是美感，这种关系是不可逆的。

从康德“美的分析”中不难看出，他所说的“利害”就是“有价值”，这是善与美、动物性欲望对象与美感对象的差别。他认为人只有彻底扬弃了动物性欲望和占有的欲望，才能成为审美的人。虽然这种把审美与功利彻底划界的观念产生了深远影响，但同时也呈现出过于简单的片面性，因为连康德自己都不得不承认：只有极少数的“自由美”和“纯粹美”才是真正无关利害的。

一百多年后，康德“美无关于利害”的观念受到了两种被认为分别在心理学和历史学领域具有“深度”意义的理论的挑战。弗洛伊德虽然承认“美没有明显的用处”，但同样强调审美根植于性欲本能之中，是“性感领域的衍生物”。[③] 普列汉诺夫则站在马克思唯物史观的立场上指出“以功利观点对待事物是先于以审美观点对待事物的”。[④] 他在《论艺术——没有地址的信》的第四封信中，借助对欧洲原始民族的考察材料分析了形式美和形式美感的产生。他说原始社会的猎人会将猎物无法食用的部分留下来，用作他力量、勇气或灵巧的证明和标记。于是，他开始将兽皮披在身上，将兽角加在头上，

① [德]康德：《判断力批判》，邓晓芒译，人民出版社 2002 年版，第 45 页。
② 同上书，第 43 页。
③ [奥地利]弗洛伊德：《弗洛伊德论美文选》，张唤民、陈伟奇译，知识出版社 1987 年版，第 172 页。
④ [俄]普列汉诺夫：《论艺术：没有地址的信》，曹葆华译，生活·读书·新知三联书店 1973 年版，第 117 页。

图 1-4-2 巴布亚新几内亚地区的 HULI 族（图片来自网络）

巴布亚新几内亚地区的原始部落，是世界上人数最多的非洲原住居民。HULI 族是当地最大的土著群体之一，他们保留着用自己的头发和罕见的天堂鸟的羽毛制作假发的传统，还喜欢用贝壳、珠子、动物骨骼以及自己的头发来装饰自己，保持着人类发展原始阶段的习俗。

将兽爪和兽牙挂在脖子上，甚至用羽毛插入自己的嘴唇，进而体现出他作为猎人可以忍受肉体痛苦的能力。逐渐地，“当狩猎的胜利品开始以它的样子引起愉快的感觉，而不管是否有意识地想到它所装饰的那个猎人的力量或灵巧的时候，它就成为审美快感的对象，于是它的颜色和形式也就具有巨大而独立的意义了。”① 这些原始人类用作装饰品的东西，最初正是以“有用”的目的存在的，后来才显得是“美的”，使用价值是先于审美价值的。

弗洛伊德和普列汉诺夫的分析分别涉及了性感与美、服饰与美的原初关系，人类的审美意识正是起源于性感的领域，人类时尚（服装）的起源也是人类最朴素审美意识的直接体现。这两种与功利密切相关的表象，在人类历

① [俄] 普列汉诺夫：《论艺术：没有地址的信》，曹葆华译，生活・读书・新知三联书店 1973 年版，第 118 页。

史发展的最初阶段，直接影响了人类审美意识的起源。同时，这两种理论站在审视审美与功利之间关系的不同视角，对康德的理论产生了一定的批判效应，也纵向增强了审美与功利关系问题的深度。

鲁迅先生在评述普列汉诺夫的观点时曾指出："……社会人之看事物和现象，最初是从功利的观点的，到后来才移到审美的观点去。在一切人类所以为美的东西，就是于他有用——于为了生存而和自然以及别的社会人生的斗争上有着意义的东西。功用由理性而被认识，但美则凭直感底能力而被认识。享乐着美的时候，虽然几乎并不想到功用，但可由科学底分析而被发见。所以美底享乐的特殊性，即在那直接性，然而美底愉乐的根柢里，倘不伏着功用，那事物也就不见得美了。"[①] 这段话，非常精彩地说明了美感的直觉性（直接性）和社会功利性的关系。

美感在直觉的当下，并不以直接的功用为目的，但是在根柢里都多少隐藏着功利，对人类完全没有功利价值的东西也不见得是美的了。这种美感与功利的关系在最深处被遮蔽着，但不能说它不存在。审美在根基之处，也就是作为人的对象化之时，就与功利发生了关系。所以美感与功利的关系，并不是康德所说的"无关于利害"，而是"超越功利"，即认为审美活动一方面具有不可否认的功利性基础，另一方面又从本质上超越了这一基础，旨在满足人的更高层面的精神性需求。

除了表现在人与世界审美关系的根基中，这种美的"超功利性"还表现在审美所必须具备的适度的物质基础上："美作为人的自由的表现，是必须以维持人类生存的物质生产为前提的，所以它在根本上离不开功利。但美既然是人的自由表现，它就已经超出了功利，不同于功利欲望的直接满足了。对于不同于动物的自觉自由的人类来说，功利欲望的满足如果成为对人的自由的否定，那就是可憎的、必须加以抛弃的东西。这样的东西对于人不会有什么美。即使在功利欲望的满足同人的自由相一致的情况下，美也不是来源

① 鲁迅：《鲁迅全集》第4卷，人民文学出版社1981年版，第263页。

图 1-4-3 美国电影《七年之痒》剧照，1955 年

玛丽莲·梦露饰演的女主角穿着白色裙子在纽约的大街上，裙子被地下热气吹得张开了喇叭。这张经典的黑白照片不仅仅是电影剧照，而是成了一种特殊情感的传达，一种纯真性感的定格。在“看”与“被看”的关系中，体现了性感的表达和审美。

于功利欲望的满足本身，而是来源于从这种欲望的满足中所表现出来的人的自由。如果人处处用功利的眼光去看世界，以功利为尺度去评定一切事物的价值，那就不会有什么美的欣赏。审美在根本上离不开功利，但同时又具有超功利的性质。”①

对性感而言，维持人的生存的物质功利基础自是不可缺少。在将其作为审美对象的体验中，常常渗透着欲望的成分，以至于性感的定义中也包含着“能够激起欲望”的内容。但性感作为性与生殖活动分离的产物，并不直接导向以生殖为目的的性行为。特别是对于时尚中的性感而言，由于体现了人类时尚生活的社会性特征，对“有用”（作为性行为的前期助力）的功利价值也具有了直接的超越性。

① 李泽厚、刘纲纪：《中国美学史·先秦两汉编》，安徽文艺出版社 1999 年版，第 250 页。

时尚中的性感如同艺术，存在创作与鉴赏两个方面，我称之为性感的表达和审美：对性感的表达而言，就是用时尚的形式来装扮自己，表现自己的魅力；对性感的审美而言，就是直观时尚的形象时，感受到其中的性吸引力。在性感的表达或审美中，审美关系的产生集中在“看”与“被看”的审美直观，而不会在当下直接满足任一方对性行为的渴望，且不必然导致审美关系双方在未来发生性行为。所以，时尚中的性感虽然表达着欲望，但并不以直接的“有用”“可用”为目的，而是以审美的直观超越了功利的直接满足。

此外，性感的主客体并不是自在的，而是生成的，是与审美关系的确立同时产生的。在以审美为目的的视觉交流中，主客体完成了相互身份的确立，同时生成了彼此之间的审美关系，一种超越直接功利的关系。在这种审美关系中，主客体都是自由的，是不为外物所困的，各自徜徉在自己愉快的审美感受中，处于孔子所言“乐而不淫”[①] 的“思无邪”[②] 状态。

---

①《论语·八佾》，（宋）朱熹：《四书章句集注》，中华书局2012年版，第66页。
②《论语·为政》，（宋）朱熹：《四书章句集注》，中华书局2012年版，第53页。

第二章　性感、身体与时尚

睡觉的时候，我只穿香奈尔 5 号。

——玛丽莲 · 梦露[①]

性感是身体的一个重要特性，是通过身体进行的欲望表达。但是，任何一种文化都会以某种方式给身体“着衣”，不会任由身体没有任何装饰。即使裸体也不是完全的裸露，而是被当时的衣着习俗规定的一种特殊性的“着衣”。时尚正是这种“着衣”方式的体现。

以身体为媒介，时尚与性感关系密切，二者相互作用、相互影响：性感决定了时尚的主要内容，时尚左右着性感的感性形式。但是，当时尚成为具有现代性的文化现象之后，对性感的塑造力量越发显著。时尚文化使性感具有了一些非本质的特征，当然，也引发了性感的异化现象。

① 玛丽莲 · 梦露（Marilyn Monroe，1926—1962），美国著名女演员。1999 年，她获美国电影学会选为百年来最伟大的女演员第六名。梦露动人的表演风格和正值盛年的殒落，成为影迷心中永远的性感女神、性感符号和流行文化的代表性人物。她至今都是好莱坞创造的最成功的女星。

第一节　时尚的面孔

时尚作为“时代精神”的风向标，集中体现于人们衣着样式的潮流变化。但是，时尚并不仅仅局限于人们的时装、化妆等身体装饰风尚，而是更广泛地存在于人们日常生活的各种审美经验之中。甚至在物质生活与精神生活的广阔领域，时尚都已经成为现代社会大众日常生活及其内心世界的表现形态。以至于无论是主动地引领、追求时尚，抑或是被动地选择、被抛入时尚，大众已经自觉或不自觉地滑进了时尚的漩涡。

时尚使个体显得与众不同，并且受到大众的模仿，它已经成为一种文化现象，反映、表现并构建着现代人的日常生活及其精神世界。时尚是我们独特的生活样态，它凸现着感性自由的内涵，以及对美的追求与渴望，包含着丰富的审美意蕴。

一、时尚的正名

“时尚”是对英文中的“Fashion”一词的汉语翻译。在《朗文当代高级英语辞典》中对“Fashion”的解释是：“The way of dressing or behaving that is usual or popular at a certain time”，汉语意思是：在特定的时间内流行的衣着模式或行为方式。从这个定义可以看出，时尚不仅包括人们对自己身体进行装饰的特定模式，也包括了人们特定的行为方式，且这种模式或行为方式在当时是普遍流行的。

但是，时尚涉及的领域如此广泛，服装、化妆、建筑、装潢、电影、文学以及艺术等都可以被冠以时尚之名，那么时尚现象与非时尚现象的区别性特征是什么呢？倘若我们对宗教服装和时装进行仔细考察就能发现，宗教服装带有神圣神权的象征意味，而时装则包含丰富的感性内涵——绚丽的外形、个性的彰显和心灵的震撼体验。这种新颖独特的感性内涵，正是严格意义上的“时尚”区别于其他那些“在特定时间内受到人们推崇而流行的衣着模式”

的本质所在。从这一点出发，就很容易品味出为了虔诚信仰与为了新潮时髦而佩带十字架的微妙差异；同样道理，不管“学习外语”多么普遍流行，它也不可能像“跳踢踏舞”那样，被人们视为本来意义上的“时尚”。因此，如果要给出一个定义的话，可以说：“时尚”就是人们出于感性动机加以追求、具有鲜明感性内涵的新颖流行的一种生存样态。①

在人类文明的发展史上，人有意识地追求美是从装饰自己的身体开始的，于是逐渐出现了身体装饰品、刺青、文身、服装、化妆、首饰等。在特定的历史时期和区域背景下，社会群体中会出现特殊的身体装饰风格和喜好，并且随着时间或空间的变化而发生变化，这就是广泛意义上的“时尚”。随着人类文明的进步，时尚也逐渐扩展到人类生活的其他相关领域，例如建筑、戏剧、文学，特别是休闲方式和行为体验等领域。所以，时尚不仅是具有特定历史和地域色彩的具体衣着系统，也是其中人们特殊的生活样态。正如西美尔所说，“时尚是社会形式之一”。②

图 2-1-1 兽皮披（图片来自网络）

兽皮披，是旧石器时代狩猎经济的产物。人们用锐利的石器和骨器来缝制兽皮，可以说是服装的最初状态。

在人类发展初期的原始社会，人们就已经开始对身体进行装饰。考古学所发现的人类最初的装饰品就是最好的证据。“距今 25000 年前的北京山顶洞人时期，正是中国服装史的发祥期，这时人们已用骨针缝制兽皮的衣服，并用兽牙、骨管、石珠等做成串饰进行装扮。这里曾发现穿孔的兽牙 125 枚，以獾的犬齿为多，狐狸的犬齿次之，并有鹿、狸、艾鼬的牙齿和一枚虎牙，均在牙根一端用尖状器刮挖成孔，出土时，发现

① 刘清平：《论时尚文化的审美意蕴》，载《学术论坛》2004 年第 3 期，第 20—23 页。
② ［德］齐格奥尔·西美尔：《货币哲学》，陈戎女译，华夏出版社 2002 年版，第 374 页。

有五枚穿孔的兽牙是排列成半圆形的，显然是原来穿在一起的串饰。”[①] 用兽骨来做身体的装饰，可以说是最早的时尚，以此来向同伴显示自身的强大，标榜自身的生存能力，突出在性选择中的优势。在原始人群中流行着的这种行为，是人类最初的“按照美的规律来构造”的产物，是原始时期的时尚。

图 2-1-2　路易·迪厄多内·波旁：《路易十四画像》1638—1715 年

这位头戴假发，身披“棉被”，脚蹬高跟鞋，腿缠长筒袜，器宇不凡的人物就是法国历史上赫赫有名的“太阳王”路易十四。他是法国历史上一个追求艺术与美的国王，法国的酿酒、时装、奢侈品等行业的全面崛起都与他有关。不过这一时期，时尚还只是上流社会的专属。

古代阶级社会具有严格的阶级划分和等级限制，时尚服饰和行为方式都明确地打上了统治阶级的烙印。这个时期的时尚无法被普通大众所触及，更不用说模仿。时尚只存在于统治阶级的内部，是纯粹的地位和身份的象征。这个时期的消费时尚有着严格的等级限制，对奢侈品的消费是上层阶级的特权，下层劳动阶级只能消费基本的生活必需品。有闲阶级的绅士，以炫耀性的方式消费奢侈品来维持其优雅、体面的生活方式和社会身份，并以此来博取社会名望。“在服装的设计中……表现得格外突出的是明显浪费通则。”[②] 贵族的宽衣博带、曳绸践帛的明显浪费显然体现出社会优越性的炫耀成分。

在欧洲封建时代，英国贵族的服饰是“以白貂皮衬边，用深红色绒布缝制而成的。根据人们地位的高低，来决定毛披肩上有多少不等的横条。男爵

① 黄能馥、陈娟娟：《中国服装史》，中国旅游出版社 2001 年版，第 2 页。
② [美] 托尔斯坦·凡勃伦：《有闲阶级论》，蔡受百译，商务印书馆 1964 年版，第 122 页。

图 2-1-3 （清）佚名《孝贤纯皇后朝服像》轴

孝贤纯皇后，富察氏，满洲镶黄旗人，清朝乾隆帝的嫡后。画像中，孝贤纯皇后身着一整套礼服，自上而下由朝冠、金约、耳饰、领约、披领、朝褂、朝袍、朝珠、朝裙、采帨、朝靴等组成，繁复的服装各组件与诸项佩饰无一不体现着穿着者的等级身份。

允许有两行，子爵两行半，伯爵三行，侯爵三行半，公爵四行。”①

在古代中国，时尚则表现出更加明确的等级差异。在统治阶级内部有森严的等级制度，以“礼”的形式固定下来，借以稳定内部秩序，维护阶级制度的统治。服饰文化作为社会的物质文化和精神文化的统一载体，是“礼”的重要内容，因此服饰也被赋予了强烈的阶级内容。统治阶级把服饰作为“礼”的内容，把装身功能提高到突出的地位，服饰的职能除蔽体之外，被当作“分贵贱，别等威”的工具，所以对服饰资料的生产、管理、分配、使用都极为重视。“按周代奴隶主贵族的传统，色彩也有尊卑的区别，青、赤、黄、白、黑是正色，象征高贵，正色是礼服的色彩。绀（红青色）、红（赤之浅者）、缥（淡青色）、紫、骝黄是间色，象征卑贱，只能作为便服、内衣、衣服衬里及妇女和平民的服色。统治阶级则要按照礼制规定，根据极位高低和政事活动的内容，选配相称的服装色彩。”② 统治阶级对服装面料、样式、甚至颜色都有差异性的规定，甚至严格地限制了不同地位的不同服装形式。这时，时尚是一种特权，是与特定的政治身份联系在一起的，因为不是什么人都有追逐这种时尚的权利。时尚虽然不是构造身份认同的独立因素，却与身份密切相关。古代时期的时尚，体现的是统治

① [美] 伊丽莎白·赫洛克：《服装心理学》，吕逸华译，纺织工业出版社 1986 年版，第 66 页。

② 黄能馥、陈娟娟编著：《中国服装史》，中国旅游出版社 2001 年版，第 54 页。

阶级的审美品位，被严格地限制在统治阶级的内部，割裂了与劳动阶级的联系。

现代民主社会[①]中，时尚仍然延续了塑造个体身份、为个体博取社会名望的功能。不过这一功能已经不再局限于特权阶级，因为现代民主社会的强势发展正一步步地消解贵族血统和政治权势曾经拥有的文化特权。但是，大众文化对时尚的普及并没有消除社会差异和不平等，在时尚的背后隐藏着金钱实力的较量。无论是在西方，还是在中国，无法回避的一个时尚现实就是：具有较强经济实力，被冠以社会精英头衔的中产阶级，构成了时尚的中流砥柱。尽管实现了政治的民主化和法律的平等化，但在时尚的领域，人们不过是以一种等级差异取代了另一种等级差异，用精英和大众的差异取代了统治阶级和被统治阶级的差异。正如西美尔对时尚得出的结论，时尚是精英阶层的身份标识，大众只是选择了最简单的方式——服饰来模仿地位较高的精英阶层，之后，精英阶层不断寻找新的时尚来突显自己，因此时尚呈现出前所未有的变动性。从严格意义上讲，这个时期才是时尚的正式“确立”期。

图 2–1–4　鲁本 · 辛格，英国商人（图片来自网络）

这位来自伦敦的商人，Reuben Singh 因为被网友嘲笑自己每天都会戴着传统的锡克式头巾，于是接受了网友的挑战：在接下来的 7 天里，每天戴上不同颜色的头巾，并搭配相同颜色的劳斯莱斯。并且遵守两个规则：一是劳斯莱斯的颜色一定与头巾相符或相近；二是这些劳斯莱斯一定是他本人的。此次事件因涉及时尚与财富，引发网络热议。

① 这里的“现代社会”沿用西方哲学史发展的线索，从 17—19 世纪，从法国笛卡尔开始，由大陆理性主义与英国经验主义共同发展，由德国古典哲学最终完成。这一时期，由于人性、人道主义等的复苏与张扬，理性主义高涨。

人类社会发展到后现代[①]，时尚已经脱离了精英阶层的垄断，与商品化和产业化结合起来，具有了无限扩大的趋势。物质资料的充足为时尚的扩展奠定了经济基础，虽然贫富差距仍然存在，但是时尚终于成为了大众现象，而不再局限于特定阶层。审美消费与日常消费之间表现出一定的同源性，对时尚的追逐成为消费时代日常生活审美化的典型表现。时尚求新求变，崇尚短暂和变化，为个体追求独特个性赢得了社会宽容和自由空间。大众文化时代的时尚差不多已扩展到了人们日常生活的所有领域，不仅衣食住行为时尚所左右，而且人们塑造身体的技术（美容、健身）、情感的表达方式、人格的塑造、人际交往方式都受到时尚的影响。换言之，时尚已经构成后现代社会人们存在的一种重要方式，成为后现代生活中的一项基本内容。

图 2-1-5 2011 年的上海街头（图片来自网络）

中国的时尚道路发展如此迅速，今天，北京、上海街头的时尚度已经可以堪比纽约、巴黎。时尚，终于从世界发达国家的圈子，走向了中国民众。

从时尚发展的脉络可以看出，时尚作为特定的时间内流行的衣着模式和行为方式由来已久，最朴素的时尚形态甚至可以追溯到原始时期。但是在前现代社会，由于生产力水平的局限，以及阶级制度的限制，时尚还无法被大众所触及，所接受。所以从广义上讲，时尚的起源可以溯源到原始时期人类对身体最初的装饰；而从狭义上讲，时尚作为在生产和组织方面都带有历史和地域色彩的特殊衣着系统，它出现于 14 世纪欧洲宫廷，特别是路易十四时代的法国皇宫，并随着重视商业和贸易的资本

① “后现代”不是单纯地表示时间上的概念，而是一个表征人的精神生存状态的文化概念。它是信息化社会涌现的一种反思和批判传统理性主义、科学主义的精神生存状态，更多地突出的是对现代性的批判。

主义的兴起获得了巨大的发展。正如斯蒂尔所说："14 世纪以来，无论在欧洲的王室还是在市井，都出现了标榜时尚的不可阻挡的运动。"[①] 威尔逊也将时尚明确界定为西方社会现代性的出现和发展的一个基本特征。[②] 正是现代社会，才可以被视为严格意义上的时尚的"确立"阶段，并且时尚不再是单纯的身体装饰，而成为了内蕴广泛的文化体系。在后现代社会，时尚更加普及，成为了大众文化的一部分。

二、时尚的文化内涵

1. 文化的语义分析

当我们审视文化问题的时候，就会发现"在这个世界上，没有别的东西比文化更难捉摸。我们不能分析它，因为它的成分无穷无尽；我们不能叙述它，因为它没有固定形状。我们想用文字来范围它的意义，这正像要把空气抓在手里似的：当我们去寻找文化时，它除了不在我们手里以外，它无处不在。"[③] 所以，我们有必要先对文化一词进行界定。

"文化"（Culture）一词，在英文中的一个原始意义就是"耕作"（husbandry），或者对自然生长实施管理。其拉丁语的词根是 colere，可以表示耕种、居住、敬神和保护中的任何意义。[④] 现代英语中，"文化"引申为培养、教育、个人素养、社会知识等含义。同样，在汉语中，"文化"一词很早就见于古籍。《周易》里曾经说道："观乎人文以化成天下"[⑤]，就含有"文化"之意。古汉语中，"文"的原意是相互交错的装饰花纹；"化"则表示引导从善，所以"文化"的含义就是"文治教化"。这与我们现在所

---

① Steele, V.: *Paris Fashion: A Cultural History*. Oxford: Oxford University Press, 1985, p.19.

② Wilson, E.: *Adorned in Dreams: Fashion and Modernity*. London: Virago, 1985, p.65.

③ 文化学家罗威勒语。转引自施政一主编：《广义民族学》，光明日报出版社 1992 年版，第 460 页。

④ [美]伊格尔顿：《文化的观念》，方杰译，南京大学出版社 2003 年版，第 1—2 页。

⑤《周易・彖传》里曾经说道："观乎人文以化成天下"就含有"文化"之意。

用的“文化”一词虽不完全等同，但在内容上也有着一定的关联性。

马克思在《1844 年经济学哲学手稿》中曾写道：“有意识的生命活动把人同动物的生命活动直接区别开来。正是由于这一点，人才是类存在物。”“正是在改造对象世界中，人才真正地证明自己是类存在物。这种生产是人的能动的类生活。通过这种生产，自然界才表现为他的作品和他的现实。因此，劳动的对象是人类生活的对象化：人不仅像在意识中那样理智地复现自己，而且能动地、现实地复现自己，从而在他所创造的世界中直观自身。”[①] 在这里，虽然马克思没有明确地为“文化”下定义，但他强调人作为与动物相区别的类存在物，人所进行的生命活动与动物的生命活动不同，是一种有意识的社会实践活动。这些活动及其成果就是人类文化。只有人才能创造出文化，而且文化也反过来作用于人。文化与人的自身发展和人类社会的进步是分不开的，它不仅是人的创造物，而且也是人自身的属性。因此，马克思主义认为，文化是人作为有意识的类存在物的本质的体现。

而“文化”一词的现代意义，是 19 世纪以来随着人类学、社会学的兴起被赋予的。爱德华・泰勒在其 1871 年出版的《原始文化》一书中，第一次给文化下了定义：“文化，或文明，就其广泛的民族学意义来说，是包括全部的知识、信仰、艺术、道德、法律、风俗以及作为社会成员的人所掌握和接受的任何其他的才能和习惯的复合体。”[②] 从此以后，对文化的定义层出不穷，每一个定义从不同的着眼点出发，代表着一种对文化问题的思考和认识。雷蒙・威廉斯在其《1780—1950 年间的文化与社会》中列举了文化的四种特殊意义：作为个体的思考习惯、作为全社会的智力发展状况、作为艺术和作为一个人群的整体生活方式。[③] 对此，伊格尔顿的评价是：“无论如何，文化的观念之复杂性在任何别的地方都没有像在下述事实中那样得到

① 《马克思恩格斯全集》第 42 卷，人民出版社 1979 年版，第 96—97 页。

② [美]爱德华・泰勒：《原始文化》，连树声译，上海文艺出版社 1992 年版，第 1 页。

③ Williams, R.: *Culture and Society 1780–1950*. London: Harmondsworth, 1958, p.16.

更生动的证明：雷蒙·威廉斯，这位战后英国最著名的文化理论家，在不同的时候将文化界定为一种完美的标准、一种思维习惯、艺术、一般的智力发展、一种整体生活方式、一个表意系统、一种情感结构、生活方式中各要素的相互关系以及从经济生产和家庭到政治机构的所有一切。”①

图 2-1-6　黄山迎客松 徐天俊摄

所有人类的创造物，物质与精神，有形与无形，都可以被看作是文化的一部分，甚至未经人类改造过的自然，由于人与自然关系的和谐，在更深的层次上，自然也成为“人化的自然”，带着文化的烙印。

总的来说，“文化”概念的内涵非常广泛，它是人类社会精神生活和物质生活全部历史积淀的总和。不论是作为肯定价值存在还是作为否定价值存在的文化现象，都在文化范围之内。可以说，文化的范围包括了以人类物质实践为基础而形成的人的社会生活方式及其产品的全部总和。文化的成果外在地表现在人的活动及其产品，内在的本质则是通过外在表现而显露出的人的知识、智慧、规范、信仰、价值观念等精神。

2．作为文化子系统的时尚文化

时尚是人类所创造的文明成果，是人类文化的一部分。它立足于人与人之间的关系，体现着人的社会性特征，即社会交往的特征。时尚的形式可以被看作一种“符号”，表达着人的文化认同和社会参与的基本层面——个体认为自己是谁以及是什么。因此，时尚同时承载了这样的社会功能，“我们所穿的衣服可以是对身份的表达，告诉别人有关我们的性别、阶级、地位之

① [英] 伊格尔顿：《文化的观念》，方杰译，南京大学出版社 2003 年版，第 41 页。

类的信息。”[①] 另一方面，由于时尚总是受到模仿，所以时尚也具有作用于个体的力量，足以影响、塑造个体通过身体进行的各种符号表达。

在 18 世纪的欧洲，人们已经从经验层面意识到时尚的象征作用。“切斯特菲尔德（Chesterfield）勋爵在对于儿子的一段著名的教导中说，虽然时髦的服饰似乎是愚蠢的，只不过是昂贵的虚荣，但穿着不时髦更愚蠢，因为一个人合适的打扮，所要传达的更重要的是社会的接受性。”[②] 康德在谈到美感的普遍可传达性时，恰恰涉及时尚（身体装饰）的社会功能问题。“美的经验性的兴趣只在社会中……流落到一个荒岛上的人独自一人既不会装饰他的茅屋也不会装饰他自己，或是搜寻花木，更不会种植它们，以便用来装点自己；而是只有在社会里他才想起来他不仅是一个人，而且还是按照自己的方式的一个文雅的人（文明化的开端）；因为我们把一个这样的人评判为一个文雅的人，他乐意并善于把自己的愉快传达给别人，并且一个客体如果不能和别人共同感受到对它的愉悦的话，是不会使他满意的。每个人也都期待和要求着每个人对普遍传达加以考虑，仿佛是来自一个由人类自己所颁定的原始规约一样；所以一开始当然只是魅力，在社会中具有着重要性并结合着很大的兴趣，例如用来文身的颜色（如加勒比人的橙黄色颜料和易洛魁人的朱红色颜料），抑或是花卉、贝壳与颜色美丽的羽毛，随着时间的进展，还有那些根本不带有什么快乐即享受的愉悦的美丽形式（如在独木舟、衣服等等上）：直到最后，那达到最高点的文明进程中几乎产生出了文雅化的爱好的主要作品，而各种感觉只有当它们能普遍传达时才被看作有价值的；于是，在这里每个人在这种对象上所感到的愉快尽管只是微不足道的和单独看来并没有显著的兴趣的，但关于这愉快的普遍可传达的理念却几乎是无限地扩大着它的价值。”[③] 这里提到的“社交的兴趣”的问题对于时尚的产生非

① [英] 乔安妮·恩特维斯特尔：《时髦的身体》，郜元宝等译，广西师范大学出版社 2005 年版，第 141 页。

② Bell, Q. : *On Human Finery*. London: Hogarth Press, 1976, p.63.

③ [德] 康德：《判断力批判》，邓晓芒译，人民出版社 2002 年版，第 139—140 页。

图 2-1-7 “90 后”的时尚大片（图片来自网络）

在四川省彭州市海窝子镇，一群特殊的“90 后”倾巢出动，以 90 岁以上的高龄，穿上流行艳丽的服装拍摄时尚大片。他们的演绎，既体现了个体对融入“时尚”的追求，又体现了个体希望凸显个性的冲动。

常重要，它正是人们“装饰他自己”的目的。人的装饰行为并不是纯粹的个体行为，而是体现着人的社会属性。在这种意义上，对时尚的追求就是文化的起源。

在对时尚社会性的讨论中，齐奥尔格·西美尔的观点很有代表性。西美尔说道：“时尚是既定模式的模仿，它满足了社会调适的需要；它把个人引向每个人都在行进的道路，它提供一种把个人行为变成样板的普遍性规则。但同时它又充满了对差异性、变化、个性化的要求。”时尚表现为一种“调和性的力量，使两种持续不断争斗的原则在表面上以合作的形式出现。”①每一个阶级、每一个人，都存在着一定量的个性化冲动和融入整体的内在需求，时尚正体现了这两种本质性的倾向，一方面是统合的需要；另一方面是分化的需要。不同的群体会发展出不同的时尚，凭借这些不同的时尚每个群

① [德] 西美尔：《时尚的哲学》，费勇等译，文化艺术出版社 1997 年版，第 72 页。

体建立其内部的一致性，以及与外部的差异性。在对时尚的模仿中，个体追求时尚中代表着个性化的东西，而这个性化的东西其实存在于既定社会圈子的共同特性中。通过这种方式，个体实现了向群体的靠拢，成为了总体性的代表和共同精神的体现。作为关注时尚的社会学家，西美尔指出，时尚显现了人的社会模仿冲动与标新立异冲动的矛盾冲突，并由此将时尚视为一种现代社会的重要文化现象。

时尚不仅表现了模仿别人并表达自己与别人的共性的意愿，还表现了个体表达其独异性的冲动。换言之，衣着标志着我们对于特定共同体的从属关系，表达着我们与别人分享的价值、理念和生活方式。时尚是一种将个体社会化的力量。所以，时尚文化体现着人的社会性特征，处于文化整体中的一个层次或层面，是人类文化的子系统。

3．时尚文化的独特性

时尚文化伴随着现代社会而产生，在后现代社会达到空前的繁荣，是一种新兴的文化现象。与传统的、非时尚的文化现象相比，时尚文化有其自身的独特性。

首先，时尚文化的产生需要特定的社会条件，包括物质条件和非物质条件。时尚虽然历史悠久，但时尚文化直到 14 世纪才崭露头角。作为一种社会现象，工业革命之前的时尚仍然只在一个较小范围中存在，只是一小部分人的事物，还没有形成对整个社会全面的、深刻的影响，而且与大众没有直接的关联。到了18世纪，因为生产力的发展，大众的物质生活得到极大的满足，使得时尚的衣着模式及行为方式真正地流行开来，为大众所接触、接受、模仿，而不再局限于有闲阶级的内部。

所谓有闲阶级当然指占有一定的社会地位，同时因此而具有相当经济基础的阶级，即统治者或上层阶级。爱德华·博克斯指出：“古往今来，统治阶级的意向一贯附于任何时装以人类学的特征，把游手好闲的人，把成为奢侈品的人同劳动者区分来开……所以时装的主要任务就是要使游手好闲的人不适应劳动。”[①] 在中国古代的社会，也存在着类似的现象，如《颜氏家训》载：“梁朝全盛之时，贵游子弟……无不熏衣剃面，傅粉施朱，驾长檐车，（著）跟高齿屐。”这样的打扮将他们同一般的必须参加劳动的百姓很明显地区别开来。所以，凡勃伦指出：“优美的服装之所以优美不仅因为它的昂贵，而且因为它是闲暇的标志。它不仅表明着装者能够消费相当高的价值，而且表明着装者能够不劳动而消费。”[②] 但随着财富的增长，消费模式也开始发生变化。“时装的流行最早出现于 14 世纪的意大利，特别是在米兰、佛罗伦萨、威尼斯等这些政治独立且经济蓬勃的都市里。”[③] 随着收入的增加，个人装饰品的大量消费，18 世纪发生的一场消费革命，为时尚的真正流行提供了物质基础。

除了必要的物质和经济的基础之外，时尚只能兴起于有差异的社会群体之间，并且需要相对宽松的社会氛围。西美尔在对现代时尚进行考察之后提出，时尚形成的条件有二：一是结构分明的社会秩序；二是人的统合的欲望。只有社会中存在等级的差异，同时人们又充满统合等级的欲望时，时尚才可能产生。“时尚是阶级分野的产物”，[④] 它来自较低社会阶层对较高社会阶层生活方式的模仿。而通常，较低的社会阶层会选择最容易的一种模仿方式，即服饰模仿，于是便产生了时尚。更确切地说，时尚是在社会一致性与个性化这两种相反力量之间的张力中产生的。时尚既是社会统合的需要，也是社会分化的需要，它既能把个体整合到某个社会群体之中，又能把个体划分到不同社会阶层中去。

---

① [德] 爱德华·博克斯：《欧洲风化史：风流世纪》，侯焕闳译，辽宁教育出版社 2000 年版，第 122 页。

② [美] 托尔斯坦·凡勃伦：《有闲阶级论》，蔡受百译，商务印书馆 1997 年版，第 120 页。

③ Steele, V.: *Paris Fashion: A Cultural History*. Oxford: Oxford University Press, 1985, p.19.

④ [德] 西美尔：《时尚的哲学》，费勇等译，文化艺术出版社 1997 年版，第 72 页。

虽然西美尔的“仿效说”受到很多人类学家和社会学家的批评，但“仿效说”的确触及到时尚文化产生的非物质条件。因为时尚具有统合与分化的本质要求，“竞相效仿”才是时尚得以发展的促进因素，社会群体间的差异则是模仿的基本条件。所以，在相对宽松的社会制度中，除了必要的物质条件，群体之间的差异，以及个体弥补差异的强烈愿望，是时尚文化产生并发展所必不可少的条件。

其次，不断的创新是时尚文化的生命。时尚的一个主要特色就是快速且持续的变化，这是由时尚自身的悖论性存在而决定的。

西美尔提出，时尚同化和分化的功能分别是由人追求普遍性和个性的本能所决定的。时尚凭借快速的变化来展现对个性的追求，同时社会较高阶层利用时尚把自己与较低阶层区分开来，一旦较低社会阶层开始模仿、挪用他们的风格，较高的社会阶层就会从这种时尚中转移而去采用一种新的时尚，从而再次将他们与广大的社会大众加以区别。时尚就是这样一个周而复始的快乐游戏，较低的社会阶层总是向较高社会阶层看齐，崇拜者向偶像看齐。然而，时尚却总是只被某一阶层的一部分人所拥有，大多数追求时尚的人只能处在接近它的途中。因为一种时尚一旦被广泛地接受，也就无所谓时尚了，时尚总是在它发展壮大时走向死亡，普遍性是时尚所追求的独特性的天敌。① 剔除掉西美尔关于阶级划分的理论，“仿效说”展现了时尚自身的悖论。一方面，时尚需要被模仿，只有真正在一定范围内流行才能被称为时尚；另一方面，时尚又不能成为普遍的现象，如果所有人都适应了某一种时尚，则预示着时尚的死亡。时尚的消失和它的兴起一样迅速。所以，时尚惟有不断的变化，才能使自己具有永恒的生命力。

当代的时尚文化中，现代广告和媒体所产生的永久变化感，以及现代消费品选择范围的宽泛性，为时尚不断的变化提供了可能。并且，不断地求新、求变也是时尚自身运动发展的需要。因为时尚始终要保持自己的“少数派”

① ［德］西美尔：《时尚的哲学》，费勇等译，文化艺术出版社 1997 年版，第 73—77 页。

特征，一旦开始由少数人群向主流消费群体渗入，时尚就要寻求创新和变化，以开辟新的空间和领域。这也是时尚自身的矛盾：特定的服装模式或行为方式需要流行开来才能成为时尚；但如果这种模式或方式成为普遍的，也就不再是时尚。这种矛盾运动的结果就是，时尚必须不断地创新，在还未完全被普遍性所磨灭的时候，涌现出新的时尚来被人模仿。这样才能保持时尚文化的生命力。

图 2-1-8（图片来自网络）

2018 年，像老桌布般的彩色格纹、狂野俗气的豹纹等老派花纹也有了回潮的趋势。都说时尚就是个不断在转的圈圈，复古风潮正是时尚变动不居的最好证明。

再次，时尚文化中精神性与物质性的并存。不可否认，人们追求时尚更多的是追求精神上的审美体验，时尚的产物也往往是审美价值高于实用价值，因此时尚文化具有突出的精神性特征。但同时，时尚又总是直接地指向物品。时尚中惊人的创造力、非凡的魅力、“少数派”的优越感都体现在一件件物品之中。时尚将精神性的抽象用具体的物质表现出来，直接集中地显露了人的自我意识的内容。最关键的是，时尚文化产业的制造物，为了成为流行，必然要成为批量生产的商品和消费品，最终被个体占有和消费。所以，时尚文化也具有突出的物质性，与消费文化有着密切的关系。

总之，从时尚文化的特征可以看出，原始时期的时尚，虽然风行，但并不追求形式的与时俱进，所以往往衍化为习俗。古代社会的时尚，因为局限在统治阶级内部，并且有严格的等级制度禁止模仿，所以无法真正成为流行。只有到了现代社会之后，时尚的物质性和非物质性条件都已经成熟，时尚才真正成为一种文化现象。并且由于时尚文化丰富的感性内涵，使其饱含审美的意蕴。

三、时尚的审美意蕴

在当代社会，时尚文化本身就具有美学的维度。时尚不仅向人们提供穿着的衣物，它还赋予这些衣物以一定的美感和性感，有时还使它们和艺术发生直接的关联。在这种情况下，时尚文化实际上已经将美学编织进了日常的穿着实践。

1. 时尚成为一门艺术

法国诗人波德莱尔在对油画和19世纪巴黎的研究中，就把服装当作一个重要现象来看待，认为不同时代与环境中的时装或服饰都具有高级的精神性，是人们“理想的趣味的一种征象”，能反映出当时“时代的风气和美学”。[①]因而，时装具有艺术与历史的双重魅力。他写道：“所以，人们曾经合乎情愿地指出，所有的时装样式都是迷人的，就是说，相对而言是迷人的，每一种都是一种朝着美的或多或少成功的努力，是一种对于理想的某种接近，对这种理想的向往使人的不满足的精神感到微微发痒。”[②]由此，波德莱尔认为这给了他一个很好的机会，可以使他“建立起一种关于美的合理的历史的理论，与惟一的绝对的美的理论相对立：这同时也是一个很好的机会来证明，美永远是、必然是一种双重的构成”，其中“一种成分是永恒的、不变的，其多少极难加以确定；另一种成分是相对的、暂时的，可以说它是时代、风尚、道德、情欲，或是其中一种，或是兼容并蓄……没有它，第一种成分将是不能消化和不能品评的，将不能为人性所接受和吸收。”“总之，无论人们如何喜爱由古典诗人和艺术家表达出来的普遍的美，也没有更多的理由忽视特殊的美、应时的美和风俗特色。”[③]他所说的美的另一方面是同现代性联系在一起的：“现代性就是过渡、短暂、偶然，就是艺术的一半，另一半是永恒和不变……这种过渡的、短暂的、其变化如此频繁的成分，你们没有

① ［法］波德莱尔：《波德莱尔美学文选》，郭宏安译，人民文学出版社1987年版，第474页。

② 同上书，第505页。

③ 同上书，第474页。

权利蔑视和忽略。如果取消它，你们势必要跌进一种抽象的、不可确定的美的虚无之中……”[①] 因此，在波德莱尔看来“每个古代画家都有一种现代性”，就是说，艺术中都有对时代、风尚、道德、情欲等这些过渡、短暂、偶然因素的表现，这些内容是永恒、普遍、不变的那部分内容的载体，后者离不开前者。因此，美和艺术既包含永恒不变的成分，同时又包含过渡、短暂和偶然的成分。

对波德莱尔而言，只有古典的艺术家和诗人才表达出了美与艺术所具有的永恒的普遍的内容，而服装，则是美的偶然、变幻、短暂的表达。这种划分与当代文化理论对于高雅文化和大众文化的划分是一致的。高雅文化表达永恒普遍的内容，而大众文化表达的是短暂的、变幻的、易逝的内容。前者需要一定的学识和修养才能理解，一旦被创造出来，就呈现出相对稳定的状态；而后者则比较容易被大众理解和接受，并且表现出一定的不稳定性，随时间推移而变化其表达形式与内容。但当代文化发展的趋势已经使这两种对立、格格不入的文化之间的界限越来越不明显了。“直到 18 世纪末期，当罗斯·柏林为玛丽·安东尼特女王设计正式礼服而名声大噪的时候，想象力丰富的服装设计师才开始获得他应有的声望。”[②] 时装设计师终于从“工匠”变成了“大师”。

另外，20 世纪以来的先锋派的艺术运动对于经典的艺术观念已经造成了毁灭性的打击。在历史上，伴随着宗教的衰落，艺术由最初的宗教题材赋予的神圣性逐渐被世俗化所取代。当理性占据统治地位以后，艺术又作为自我意识的表达而被理性所压抑，成为人们内心深处不可遏制的渴望。对笼罩在艺术之上的光环的丢弃，成为后现代主义的一种基本观点。这种观点提供了“将服装研究从其低下地位中解救出来的可能性，并创造了——至少是命

① [法] 波德莱尔：《波德莱尔美学文选》，郭宏安译，人民文学出版社 1987 年版，第 458 页。

② [美] 安妮·霍兰德：《性别与服饰》，魏如明等译，东方出版社 2000 年版，第 12 页。

图 2-1-9 卡尔·拉格斐，德国著名服装设计师（1933—2019 年）

KARL LAGARFELD，出生于德国汉堡市，人们称他为"时装界的恺撒大帝"抑或是"老佛爷"。2015 年 11 月 23 日于伦敦大剧院举行的英国时尚大奖典礼，授予卡尔·拉格斐杰出贡献奖，以表彰他多年来在整个行业内缔造的伟大成就。在当代，时装设计师的成就，不输于艺术家。

名了——一种任何文化美学产物都能得到认真对待的氛围。"① 据说，当代法国人已经将服装作为传统七类艺术（即音乐、文学、绘画、戏剧、建筑、摄影、电影）之外的第八类艺术。

2. 时尚的审美体验性

在西方哲学史上，"美学"从它命名之日起，就被定义在"感性学"的维度之上。鲍姆嘉通在首次提出"Aesthetica"的定义时说："Aesthetica 是感性认识的科学"，用来与认知理性的哲学和实践理性的伦理学相区别。受到西方哲学认知理性精神的影响，鲍姆嘉通偏重的主要还是审美的"认知感性"内涵。但在叔本华、尼采、弗洛伊德、海德格尔这些非理性主义思想家那里，生存感性、本能感性对于审美和艺术的统驭作用，就开始获得了前所未有的强调。在中国传统文化中，对"美"的解释有两种，"羊大为美"和"羊人为美"。不论是前者强调的味觉感受，还是后者强调的诗乐舞全方位体验，突出的都是美与人的感性体验、感性存在之间的内在联系。时尚与审美的内在机缘，恰恰与这感性的体验与存在密不可分。人们在特定时间推崇的衣着模式或行为方式，都是带有审美性质的感性体验或存在。

对于时尚的"体验性"，如果仅仅是按照西方传统哲学主客二分的模式来分析，很难挖掘出时尚的审美意蕴。因为西方传统美学习惯于把"审美"理解为主体的人以审美的方式观照、鉴赏、评判作为客体的审美对象，

① [美] 珍妮弗·克雷克：《时装的面貌》，舒允中译，中央编译出版社 2000 年版，第 12 页。

并且由此主张：只有那些拥有美的形式特征和感性属性的对象性事物，诸如自然事物、人体形象、艺术作品等，才是严格意义上的审美现象。即便是马克思主义美学在凭借劳动实践精神超越了传统西方哲学之后，也在很大程度上依然带有这种主客二分模式的深刻烙印，具体表现在：它不是把人的创造性自由存在本身，而是把这种创造性自由的“对象化”表现——亦即以对象性方式体现人的主体创造性自由的客观事物——看成是“美”。

但是，这种主客二分的态度对美的理解是片面的。相比较而言，主张天人合一的中国美学理论更接近审美的本质。中国美学不是把美视为对象性事物的一种特定属性，而是视为人自身的一种感性自由的生活方式和存在境界。像孔子说“里仁为美”，[①]《易传》说“畅于四肢，发于事业，美之至也”等，其中的“美”都不是指外界事物令人愉快的感性属性，而是指人的行为和存在所达到的某种赋于感性自由的状态或境界。甚至，美是一种人生的态度，是一种面对眼前有限对象而向往无限时空超越的人生境界。中国古代儒家以人格道德修养为美的核心，孔子提出“文质彬彬，然后君子”，[②]孟子说“可欲之谓善，有诸己之谓信，充实之谓美，充实而又光辉之谓大，大而化之之谓圣，生而不可知之之谓神”。[③]道家老子主张排除主观欲念，保持内心虚静，以观“道”之“妙”（“涤除玄览”），[④]庄子提出“心斋”“坐忘”“解衣磅礴”，以达到“得至美而游乎致乐”[⑤]的人生境界。

当然，中国美学也明确肯定自然事物、人体形象、艺术作品具有美的属性；但同时认为：这些外界事物的美只有成为人的美的存在样态和理想境界的内在构成要素，才能真正实现其美的意义。而西方某些对主客二分模式提出质疑的思想家如尼采和海德格尔，也明确要求赋予审美以人生存在的形而上意

---

①《论语·里仁》，（宋）朱熹：《四书章句集注》，中华书局2012年版，第69页。
②《论语·雍也》，（宋）朱熹：《四书章句集注》，中华书局2012年版，第89页。
③《孟子·尽心下》，（宋）朱熹：《四书章句集注》，中华书局2012年版，第378页。
④《老子·第十章》，《老子》，中华书局2006年版，第24页。
⑤《庄子·田子方》，《庄子》，中华书局2007年版，第180页。

味，宣称“只有作为一种审美现象，人生和世界才显得是有充足理由的”[①]，强调“美”和艺术是“此在”本身的“敞开”和“澄明”[②]，体现出某种与中国传统美学潜在相通的思想意向。

由此可见，时尚作为人们出于感性动机加以追求，具有鲜明感性内涵的新颖流行的一种生存样态，其体验性具有审美的特征。时尚已经成为人的一种美的存在样态，一种确证和体现人的特定存在价值、存在意义和存在目的的生活方式。即便那些由时尚设计师设计出来的时尚产品，也只有融入人的时尚存在样态之中，并成为构成时尚生活方式的内在要素，才能成为本真意义上的“时尚”。时尚具有丰富的审美意蕴，是一种特殊的美。

此外，值得注意的是，时尚并不完全等同于美，有时候丑陋和令人讨厌的事物也能变成时尚。这是因为，时尚是一种社会需要的产物，与凸现个性的主观愿望有关。为了突出个性，个体也会选择丑或怪异作为手段，并可能受到模仿形成潮流。虽然这种丑陋时尚在感性形象上可能有悖于传统的审美观念，但从个体因这种丑陋时尚带来的愉快体验来看，仍然属于审美感受的范畴。

第二节　身体：性感与时尚的中介

特纳在《身体与社会》的开头说道：“有一个和人类有关的明显而突出的事实，他们拥有身体而且他们就是身体。”[③]换言之，身体构成了自我的环境，它和自我不可分割。但是，特纳在他的解释中忽略了另一个明显而突出的事

① [德] 尼采：《悲剧的诞生：尼采美学文选》，周国平编译，生活·读书·新知三联书店 1986 年版，第 105 页。

② [德] 海德格尔：《林中路》，孙周兴译，上海译文出版社 1997 年版，第 1—71 页。

③ Turner, B.: *The Body and Society: Explorations in Social Theory*. Oxford: Basil Blackwell, 1985, p.19.

实：人类的身体是“着衣”的身体。正是身体，为性感和时尚搭建了桥梁，是二者密不可分的纽带。

“时尚关乎身体：它依身体而建造，借身体以推广，并由身体来穿戴。身体是时尚倾诉的对象，身体在各种社会场合必须着衣。”[①] 时尚作为一种社会性力量，左右着身体的特征与表现。性感则根植于我们的身体，一切欲望的表达都经由身体来完成。时尚的装饰品通常在遮蔽身体的同时又展现身体，突出身体的性感魅力。而性感在潜意识层面将我们用来装饰身体的事物无一例外地赋予了性的意味。

以身体为中介，性感与时尚相互作用、相互影响：性感决定了时尚的主要内容，时尚左右着性感的感性形式。性感成为身体表达的内容，时尚成为身体表达的形式，二者都最终在身体上表现出来。

一、性感时尚的身体

梅洛－庞蒂在其《知觉现象学》中指出：“我就是我的身体。”“身体并非是在所有人中间的一个客体，它经得起反思，而且可以这么说，它保持着与其主体的不可分离的关系。晦涩难懂，却又整个地赢得了感性世界。”[②] 不可否认，身体是个体存在最明显的事实，也是个体存在最直接的证据。性感是身体的特征，由身体来表达。而时尚则是与身体关系最密切的社会事实。正如昆汀·贝尔曾指出的，“我们的衣服对于我们大多数人来说都是我们的一部分了，我们不可能对环境完全漠不关心：‘穿在我们身上的那些纺织品就像是我们的身体乃至灵魂的自然延伸。’”[③] 不仅如此，衣着对于我们理解身体也是至关重要的。安·霍兰德指出，我们观看和理解身体的方式也受

①［英］乔安妮·恩特维斯特尔：《时髦的身体》，郜元宝等译，广西师范大学出版社2005年版，见《引言》，第1页。

②［法］梅洛－庞蒂：《眼与心：梅洛庞蒂现象学美学文集》，刘韵涵译，中国社会科学出版社1992年版，第38—39页。

③ Bell, Q.: *On Human Finery*. London: Hogarth Press, 1976, p.19.

到衣着习俗的制约，甚至艺术中的裸体描绘与雕刻也体现着当时流行的时尚。因此，即便是裸体——纯粹的身体——也绝不等同于单纯的裸露，而是被时尚所修饰的。

对于性感时尚的身体，马奈的《奥林匹亚》（*Olympia*）为我们提供了具有代表性的文本。1865 年，马奈的《奥林匹亚》在沙龙上展出，立刻就遭到评论家的严厉指责，最终导致连同马奈的另一幅作品一起被撤出了画展。遭到非难的原因在于马奈画中的“低级趣味”，以及他放弃了传统人体画“庄严的”棕色调，而采用了清晰明快的“另类”描绘方式。然而，对于画中的女子奥林匹亚来说，她的身体表现了巨大的性感诱惑力，同时，她虽然赤身裸体，被时尚装饰过的痕迹却一目了然。奥林匹亚的头发被束在一侧，插着芙蓉花作为发饰，颈上佩戴镶嵌着大珍珠的缎带，耳朵上戴着珍珠耳坠，皱迭在床上的是缀满金黄色流苏的大披肩，脚上还穿着金黄色的拖鞋。所有这些身体装饰的细节都体现着 19 世纪中期的女性时尚。除此之外，这一时期女性还疯狂地热衷于女帽，在“晚间不戴帽子时，……她们把头发梳得光滑明亮，而且用几条绳线和穗带将头发扎起来，然后再以金属线、发钗和高背木梳加以支撑。花和羽毛缠结到一起，形成鲜明的时代风格。”“悬垂的耳环、成双的手镯和各种式样的项链十分盛行。”[①] 缀满流苏的充满印度风情的披肩是当时女性的流行服装，拖鞋的金色是女性服饰的流行颜色。

马奈的这幅作品，展现了他冠名为“奥林匹亚”的这位女性的性感身体，也以文本的方式向我们提出了例证，性感的身体也是受到时尚装扮的，即使是裸体，也是时尚视野下的身体。甚至安格尔笔下裸体的“大宫女”，通过她手中的孔雀翎，缠有藤子的希腊式手镯，缀着流苏的刺绣头巾，周围的窗帘、香炉、烟斗，也都体现着 19 世纪初喜欢异域风情的时尚风格。所以，时尚作为一种社会性因素，与性感的身体是不可分离的。身体因其自然属性而具有性感的意味，因其社会属性而与时尚融为一体，性感与时尚融合在身体的存在之中。

① 华梅：《西方服装史》，中国纺织出版社 2003 年版，第 154 页。

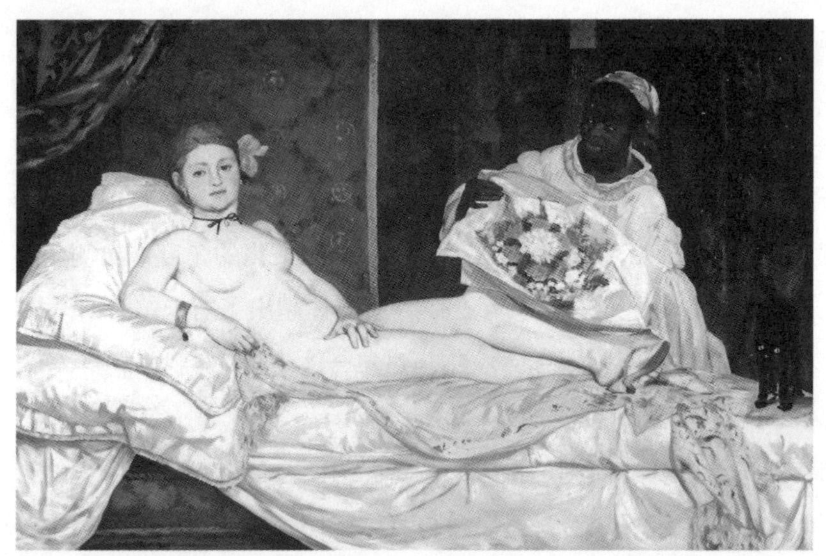

图 2-2-1 [法]爱德华·马奈：《奥林匹克》，1863 年

虽然是裸露的身体，也是被时尚装饰的身体。

西方传统哲学的观点认为，身体是认识论意义上的一个认识对象，身体仅仅是身体。“Body”一词表示着身体、肉体，甚至尸体，停留在纯粹生理意义和自然特征层面。身体对于个体而言，只是物质性的存在、动物性的存在。传统哲学更重视理性和灵魂，而贬低感性和身体。从苏格拉底开始就明确地将身心对立起来，并将价值的天平完全倾向于心灵。古希腊哲学影响下的基督教哲学，进一步推进了对身体的贬低和排斥。“苦修”的极端做法就是要去除身体对灵魂的禁锢。笛卡尔的著名论断“我思故我在”，使得之后被其影响的西方传统哲学思想中，身体长期处于被漠视的位置，或者说存在着一个身体的空场。黑格尔更是进一步强调绝对精神的发展，以至于人的历史也被抽象为意识和绝对精神的历史。“在这里，身体陷入了人的历史的无尽黑暗之中，‘精神’的现象学不论贯穿着什么样的否定辩证法，不论充斥着什么样的历史感，无论在它的进化细节上多么的精雕细刻，都不会给身体留下多余的地盘。”①

从马克思开始，对身体的认识开始发生变化。劳动的身体（马克思）、意志的身体（尼采）、欲望的身体（弗洛伊德），都成为思想家们关注的对象。身体开始受到重视，“人与人之间的差异不再从‘思想’‘意识’‘精神’的角度入手做出测定，甚至不再从观念、教养和文化的角度作出测定。也就是说，人的根本性差异铭写于身体之上。”②身体超出了笛卡尔所谓“思”的载体，成为梅洛－庞蒂《直觉现象学》中与对象一体化的“自我——身体”，成为了海德格尔的“诗性”存在。

在中国古典美学中，身体也是重要的范畴。与西方传统哲学对身体的否定或漠视不同，中国传统思想对身体以及与身体密切相关的感性和情感十分重视。儒家、道家都对“身”的重要性作了相当程度的肯定。并且，与西方灵肉二分、以灵摄肉的观念不同，中国美学中的身体既建基于肉体，又是形神志气合一的有机生命形式。它的“身体——整体”和“身体——主体”观念影响着对人体美的判断。

在中国古典美学理论中，人的身体是自然的一部分，由生命之气充塞。比如，自先秦至两汉的道家哲学，将人和动植物的躯体均视为自然之气的凝聚，即所谓“合六气之精以育群生”。③以这种“气化论”或“元气自然论”为基础，人的生死一方面表现为形体的存在和消失；另一方面则更根本地表现为气的聚合和散逸。如庄子云：“人之生，气之聚也。聚则为生，散则为死。”④身体的存在以气的聚散为标志，气构成了使身体成为身体、使生命成为生命的内在本质。这样看来，人体与万物均被视为自然之气的凝聚。在此，所谓的自然人化与人的自然化，最根本地体现为身体与对象

① 汪民安、陈永国编：《后身体：文化、权力和生命政治学》，吉林人民出版社2003年版，见《编者前言》，第6页。

② 同上书，第1页。

③《庄子·在宥》，《庄子》，中华书局2007年版，第86页。

④《庄子·知北游》，《庄子》，中华书局2007年版，第186页。

世界之间的互生和互化。

这种观点，也被庄子同时代或后世的儒、道思想家进行了大致相同的表达。如孟子曰："气，体之充也。"[①]《淮南子·原道训》云："夫形者生之舍也，气者生之充也。"如果说孟子将人体视为气充盈的载体（"体之充"），其中的气与体似乎还有二分的痕迹。《淮南子》则直接提出气不但充盈形体，而且充盈生命，气作为生命化的身体之元质的特性得到了更彻底的肯定。

孟子将人体理解为"气之充"。为了提升人内在心志和生命的质量，他主张"持其志，勿暴其气"[②]，认为修身的目的就是实现内在生命和精神力量（"我善养吾浩然之气"[③]）的聚集。这种聚集的势能，会反过来向外散发出人的感性光辉，即所谓"充实之谓美，充实而有光辉之谓大。"[④]"君子所性，仁义礼智根于心，其生色也睟然，见于面，盎于背，施于四体，四体不言而喻。"[⑤]就是说，人的内在道德精神能够表现于人的外在的形体。而且，孟子认为这种表现能使形体"生色"。由此看来，这里的身体既在于形体本身，又在于内部力量的外显。

由上可知，中国文化在对"身"以及"体"的看法上较之西方大为不同。中国传统文化讲身体，不仅指生理意义的肉体，而是"形""神"兼备的完整统一。与西方区分身心，视两者为不同实体的身体观相比，中国文化的身体观更接近于性感时尚的身体特征。性感时尚的身体并不是单纯的身体形式，不是抽象的身体结构、比例，而是内容与形式的统一，是性感表达与时尚装扮的统一，是如贝尔所说的"有意味的形式"。[⑥]

唐代画家周昉的《簪花仕女图》，描绘贵族女性春夏之交赏花游园的情

---

①《孟子·公孙丑上》，（宋）朱熹：《四书章句集注》，中华书局 2012 年版，第 231 页。
② 同上。
③ 同上书，第 232 页。
④《孟子·尽心下》，（宋）朱熹：《四书章句集注》，中华书局 2012 年版，第 378 页。
⑤《孟子·尽心上》，（宋）朱熹：《四书章句集注》，中华书局 2012 年版，第 362 页。
⑥［英］克莱夫·贝尔：《艺术》，薛华译，南京：江苏教育出版社 2004 年版，第 4 页。

图 2-2-2 （唐）周昉：《簪花仕女图》（局部）

景，是中国古代仕女图的代表作品。这幅作品中刻画的身体形象，非常能体现性感时尚的身体特征。《簪花仕女图》的命名，得于仕女头上一朵硕大无比的牡丹。娇娆旖旎的花瓣，有花冠的气派，又不失妩媚。仕女蓬松的高髻和精致透明而坦荡的裙衫，都可谓是唐代贵族妇女中的时尚。图画最左侧的拈花仕女与最右侧戏犬的仕女，因其身体姿态而显得妩媚动人。作品中的女性形象极好地表现了性感与时尚，呈现出一种“媚态”。这种“媚态”不是由单纯抽象的身体想象表现出来的，而是“以形写神”的结果。正如《淮南子》一书说过：“画西施之面，美而不可悦，规孟贲之目，大而不可畏，君形者亡焉。”人物画的美感，并不仅仅在于外在的感性形体，更重要的还在于“君形者”，即内在的精神。时尚的身体只有完美地同时体现了“形”与“君形者”，才能真正带有性感的意味。就像罗丹所言：“我们在人体中崇仰的不是如此美丽的外表的形，而是那好像使人体透明发亮的内在的光芒。”①

简而言之，身体与性感、时尚均有着不可分割的关系。性感是身体的“自然”特征，基于人的社交本能；时尚是身体的“文化”特征，基于人的社会属性。身体同时具有自然与文化的双重特征，使性感与时尚都不是单独与身体发生关系，而是互相交融在一起。性感的身体在社会中总是被时尚所装饰，时尚的身体主要是为了表达性感的魅力。身体是性感与时尚的共同载体，能

① ［法］罗丹口述，葛赛尔：《罗丹艺术论》，傅雷译，人民日报出版社 2000 年版，第 63 页。

呈现时尚装扮和性感表达的统一。

二、时尚装饰身体

早期的人类学家认为：人类有一种修饰自己的普遍习性。这种观点现在已经为研究衣着和时尚的学者广泛地接受了。人类学的研究发现，任何一种文化都会对身体进行装饰，哪怕是那些习惯于裸体的民族，也通过穿孔、文身，或是对身体的毁形（比如尼罗河地方的土人把 4 个门牙敲掉，只因为他们不愿同野兽相像①）等来装饰自己。时尚正是起源于对身体的装饰。没有身体，时尚装饰就缺乏它的完整性和动感。时尚和身体是不可分开来设想的。

另一方面，时尚一旦出现就具有了对身体的规范力量。狭义的时尚可以被理解为“特定情境的衣着实践”，②是具体的实践活动，而且是被嵌入各种社会关系中的具体活动。时尚体现着社会性的力量，作用于自然的身体。继而通过身体深入到对个人实践活动的专注，规定着对身体装饰的形式和方法。

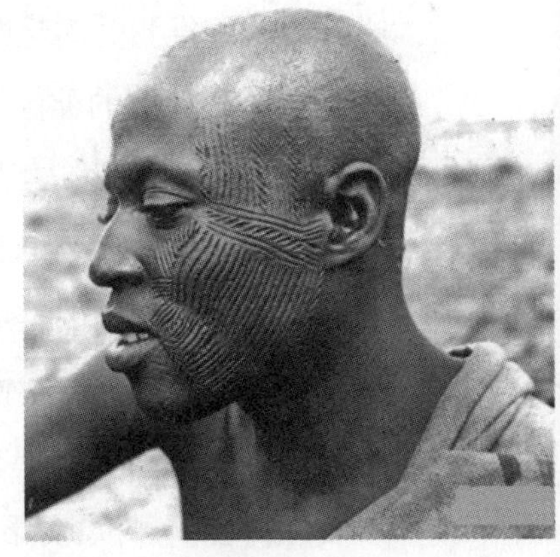

图 2-2-3　非洲部落的割脸习俗
（图片来自网络）

非洲巴布亚新几内亚中塞皮克河区的部落会用数周的时间进行这项割礼的仪式，用刀在人脸上刻出花纹。女人会在脸上刻画象征美的花纹；男人则是刻上线条表现男子气概，用毁形来对身体进行装饰。

1. 时尚起源于身体的装饰

时尚装饰身体，与身体的关系密不可分。波德莱尔认为，时装不能与其穿着者分开，是穿着者为服饰带来了活力与生气。没有穿着者的时装，尤其是没有美丽的女性穿着的时装，是没有生命的。正如威尔逊

① [英] 达尔文：《人类的由来及性选择》，叶笃庄、杨习之译，科学出版社 1996 年版，第 620 页。

② [英] 乔安妮·恩特维斯特尔：《时髦的身体》，郜元宝等译，广西师范大学出版社 2005 年版，第 36 页。

在描述参观服装博物馆的感受时所说的，“日常生活中的衣着总要比动物的外壳意味着更多的东西，它是自我经验和自我显现的一个密切的方面，它与自我的身份的联系是如此的紧密，以至于这三者——衣装、身体和自我——不是分开来设想的，而是作为一个整体同时被想象到的。当衣装从身体/自我被拉开，比如在服装博物馆里那样，我们只能抓住衣装的碎片，衣装的不完全的快照，我们对它的理解因此就是有限的。”①

仅就“特定情境的衣着实践”而言，对人自身身体的炫耀，以及对性感的表达，正是时尚的起源。在这一点上，对于原始绘画和雕塑的研究，可以作为我们推测时尚起源的依据。因为“每一个民族如果达到充分进步的程度，都要雕刻他们的神像以及他们奉若神明的统治者像，毫无疑问，雕刻师们都会尽力表达其魅力与庄严的最高理想。”② 所以，现存的原始绘画和雕塑，表现着创作时代的审美趣味和审美理想。

《勒兹匹格的维纳斯》是旧石器时代晚期的作品，距今已经2万—万年了。同期有一批这样的女性雕像出现，如《罗塞尔的维纳斯》《维纶堡的维纳斯》等。这些维纳斯们都有一个共同特点，虽然面部五官极其模糊，但最能体现女性特征的部位，如乳房、腹部臀部、大腿和女阴三角等都被着意表现和夸张。这是远古人类生殖崇拜的体现，而此时面部形象与表情还未受到重视。与其他同期的雕像相比，《勒兹匹格的维纳斯》带有明显的样式化倾向，其女性特征的刻画比其他的几位还要夸张。雕像正而扁平的胸前下垂着一对巨大的乳房，三角形的下腹，肥满的股部，中央还刻有一条沟线，这显然是一个多产、丰收的偶像。当我们关注她的背面会发现，硕大的臀部，股部下方有一排刻线，自上而下，由宽至窄，梳理得整齐而有规律。据考古学家认为这是腰蓑，是一种垂挂在腰间的植物。而这个看似平常的腰蓑，就是考察时尚起源问题

① ［英］乔安妮·恩特维斯特尔：《时髦的身体》，郜元宝等译，广西师范大学出版社2005年版，第6页。
② ［英］达尔文：《人类的由来及性选择》，叶笃庄、杨习之译，科学出版社1996年版，第627页。

需要注意的关键。

作为几万年前先民的形象，维纳斯们造型上的每一点变化、身上出现的每一件器物，都可能是漫长历史中社会实践的结果，可能与某种原始巫术或宗教有关，隐含着尚未解读的远古信息。我国古代文献上有记载，“（衣）先知蔽前，后知蔽后。”这里的“蔽”是指遮羞，记载了我们的祖先在文明产生时形象的变化。而《勒兹匹格的维纳斯》既不能蔽后，也不能蔽前的植物丝条显然并不是为了遮羞。当然，那个时代的人类还没有“羞耻”的观念，羞耻心理应该是在私有观念出现以后的事。那么这件腰蓑的作用就明显了，不是为了掩蔽，而恰恰是为了昭彰。具体地说，是为了强调与生育相关的能力，增强自身的性吸引力，以引起异性的注意。所以选择了距离生殖器较近的部位，这样更容易激起异性的欲望。也就是为了性的诱惑。

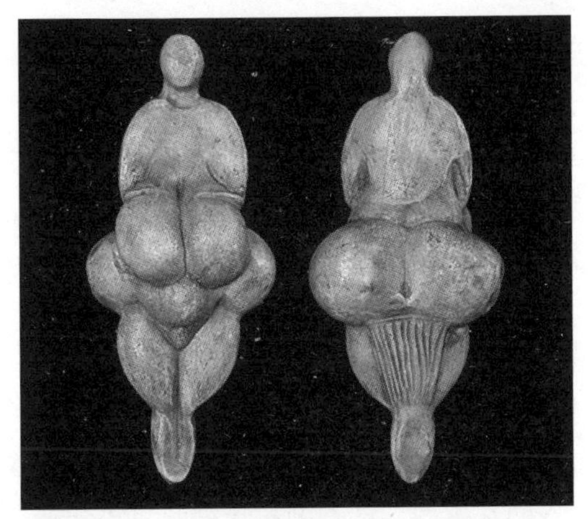

图 2-2-4 ［法］《勒兹匹格的维纳斯》，猛犸象牙雕，约公元前 23000 年

勒兹匹格（Lespugue）洞穴的维纳斯，臀部下侧的刻痕代表了某种神秘的线条，可能是一种宗教仪式的道具，是原初形态的身体装饰。

人类由生殖的本能发展到对性的有意识追求，这既是人与动物的区别所在，也是人类社会演进的结果。在新石器时代的一些岩画中，也描绘了一些狩猎的男子，他们的腰间也系着腰蓑。如南非布须曼人的原始岩画《大羚羊和猎人》中，描绘了一群猎人，头戴面具，背负箭囊，手持弓箭，正在飞奔追逐猎物。他们的双腿劈开成“一”字形，犹如现代的芭蕾舞动作，十分生动优美。不过在这里我们更关注他们的腰蓑，它是蔽前的，而且照样是起不到遮蔽的作用，奔跑的时候完全飘逸起来。同理可知，它真正的作用也是为了彰显生命活力，吸引异性的注意力。[①]

腰蓑的出现，是人类思维的产物，先民有意识地创造了用于性吸引力的“道具”。这是一次重要的伦理进展——服饰的起源。它体现了人类审美意识的出现，以及两性之间审美关系的确立。随着人类文明的进步，腰蓑在漫长的岁月里，演变成了日后的服装。而先民脸面和身躯的彩饰、文身图案和皮毛佩挂等，演变成今天的化妆、首饰直至洋房私家车。于是一些学者明确提出，服饰起源于审美装饰，其目的是为了炫耀和性吸引。“原始身体遮护首先而且重要的意义，不是一种衣着而是一种装饰品，而这种装饰又和其他大部分装饰一样为的是帮助装饰人得到异性的喜爱。”[②]

所以，我们可以得到这样的结论：时尚（服饰）产生于人类最早对身体的装饰，并且时尚最原初的目的就是为了自我炫耀和表达性感。虽然在社会逐渐进步的过程中，时尚所突出的身体特征有了扩展，不再局限于性感，但是，性感作为两性之间最自然的吸引力，始终是身体最根本的特征，是时尚要表现的主要内容。

2．时尚规范身体的装饰

时尚从诞生之日起就与身体密不可分，依身体而制造，借身体以推广，并由身体来穿戴。时尚作为“特定情境的衣着实践”，身体是其倾诉的对象。然而，时尚作为一种社会文化力量，同时约束着身体。在各种社会场合中，身体必须着衣，而身体着衣的方式，被时尚所规定。

一方面，时尚规范着身体“合适的衣着”。所谓合适的衣着，取决于情景和场合，虽然不同的文化中会有不同的规定性，但现代社会的很多衣着规范是相同的。比如，如果穿着一件浴衣去购物，那将是极其不合时宜且骇人听闻的。同样，穿着外套和鞋子去游泳，也是十分荒唐的事情。衣着的规范

① 陈醉：《性诱惑与人体美的起源及未来》，载《美术观察》2003年第2期，第86—90页。

② ［德］格罗塞：《艺术的起源》，蔡慕晖译，商务印书馆1984年版，第72页。

无所不在，甚至渗透到我们可以裸露的那些场合：什么时候跟什么人在一起我们才可以不穿衣服，都有严格的规则。日常的衣着或饰物也体现着社会的压力，成为将身体社会化并赋予其意义与身份的一种手段。个体的着衣行为，使身体凸现社会化的特征，它使身体合乎时宜，可以被接受，值得尊敬，乃至可能也值得欲求。穿合适的衣服，展现我们最好的一面，我们就对自己的身体感到安闲自在；反之，若在某个情境中着衣不当，我们就会感到尴尬、不适和脆弱。除此之外，身体也是社会身份的载体，这不仅仅表现在给身体穿什么样的衣服，还表现在一个人怎样摆布他的身体，身体是怎样移动，即怎样行走，怎样坐立，怎样说话。以“合适”为目标，时尚全方位地塑造着身体。

图 2-2-5　1979 年的睡衣时尚（图片来自网络）

虽然性感的主题不变，但过时的时装会令身体失色。

另一方面，时尚中的仿效使身体自觉地受到时尚的规范。或者出于“比较意识”——不想使自己逊于别人，或出于“竞争意识”——意欲超过别人，时尚受到大众争相仿效。在仿效的过程中，个体追随自己所期望的时尚潮流，不知不觉中接受了时尚中的规则。比如，在拿破仑当政的第一帝国时期，人人都戴拿破仑式的三角帽，表示对他的钦佩，或者戴他的威名显赫的骑兵所戴的那种熊皮帽，以示对他战功的赞扬，甚至妇女也乐意拿这种熊皮帽作为头饰。而拿破仑下台后，贵族、外交官和全体官吏都换上了高筒礼帽，那些希望表示自己持保守和正统观点的人也纷纷仿效。[①] 正是在效仿中，个体被群体同化，用时尚来装饰身体，使身体成为时尚的塑造物。

可以看出，身体作为我们的存在，具有双重属性。道格拉斯在《自然的符号》里提出两个身体：物理的身体和社会的身体。时尚就是社会化身体的体现。"社会身体制约着我们对物理身体的理解。我们对于身体的物理经验总是支持某一特定的社会观点，它总是被社会范畴所修改，并通过它被了解。在两种身体经验之间，存在着意义的不断转换，这样，任何一种经验都强化着另一种。"[②] 身体成为受到高度限制的表达媒介，受到文化的调解，表达着社会加给它的压力。正是通过这种方式，时尚将自己加在身体上面，限制身体，使其只能以特定的方式活动。而同时，身体变成了时尚的象征，身体的形象传达出关于时尚的信息。

总之，时尚离不开身体，同时时尚又塑造着身体。时尚总是由身体的个体实践表现出来，身体通过时尚完成社会化的组建。时尚作为一种社会语境，是作用于身体的社会强制性因素。当人们穿衣时，我们是在一种文化的界限之内行事，严格遵循着该文化对于身体以及对于组建"着衣"的身体的构成部分的特殊规范和期待。这种文化就是时尚。身体被时尚塑造，性感由身体表达，因此，性感也必然与时尚发生关联，表达性感的不再是单纯的身体，而是时尚的身体。

三、身体表达性感

从性感的自然属性来看，它植根于人的性本能又升华性本能，表达欲望而又超越欲望。这些最终都被书写在身体上，通过身体表现出来，成为身体

① [德] 爱德华·博克斯：《欧洲风化史：资产阶级时代》，赵永穆、许宏治译，辽宁教育出版社 2000 年版，第 167 页。

② Douglas, M.: *Natural Symbols*. Harmondsworth: Pelican Books, 1973, p21.

的印记。同样，身体的社会属性使身体在表达时要遵循社会的规范原则，这样才能令个体真正地融入社会。时尚规范着身体，对身体具有表现、约束和塑造的力量。性感与时尚分别作为身体的内容与形式交融在一起。当然，内容的表现要受到形式的制约，性感的表达也受到时尚的规范。

1．身体的遮蔽与敞开

毫无疑问，性感直接表现为身体的样态，特别是透露着性意味的身体样态。但通常认为，裸体恰恰又是无趣的，它并不性感，是服饰为身体增添了神秘色彩，使它显得更有挑逗性。因为想象是性感审美的一个重要因素，而服饰使部分身体处于被遮掩的状态，能刺激我们的想象并增添性欲。正如“脱衣舞所依赖的正是衣服的神秘感和观众的想象，一旦所有的事物都一览无余，它就失去了吸引力。”①所以，表达性感的身体不应是完全敞开毫无修饰的，适当的遮蔽更能体现性感的意味。

图 2-2-6 蒂塔·万提斯，1972 年生于美国，被称为世界第一脱衣舞娘

蒂塔·万提斯(Dita Von Teese)的表演很少全裸，对身体的部分遮蔽反而营造了更加性感的魅力。

法国实证主义社会学家涂尔干说：“社会虽然是个人所创造的，但是，就个人而言，社会乃先个人而存在。”因此，人在出生时，虽然是个赤裸裸的自然肉体，但是经由社会化的过程，很快地就穿上了两件衣服：一件肉眼看不见的内化道德衣，把性原欲包装起来；另一件肉眼看得见的外加衣服，借以遮盖赤裸裸的肉体。

裸露之所以违反文明，是因为裸露会引起性刺激和羞耻感。而这种情感的直接导因恰恰

① [英] 乔安妮·恩特维斯特尔：《时髦的身体》，郜元宝等译，广西师范大学出版社 2005 年版，第 230 页。

是掩蔽。格罗塞曾有过论述：“遮羞的衣服的起源不能归之于羞耻的感情，而羞耻感情的起源，倒可以说是穿衣服的这个习惯的结果。……当一个人觉得违反了社会习惯时，总容易发生一种羞耻之感和生理的征象——如红脸、垂眼睑等。这实在只是人类的合群本能的反应。”[①] 又说，“在低级文化间，偶然的掩蔽性器官固然可以有性刺激，但等到掩蔽的习惯成为普通的经常的行为时，就会失去其原来的意义；……结果成为我们现在的性刺激的就不是习惯的掩蔽，而是偶然的无掩蔽。文明的发展，至今已完全改变了这种性刺激的社会感情。”[②] 这段论述是精辟的。事实证明，除了性器官以外，一些习惯掩蔽的部位偶然的无掩蔽也照样会引起性的刺激与羞耻感。而这些习惯的掩蔽，往往都是与性感的追求有着密切关系的。

罗兰·巴特在《文之悦》一书中做过完整的总结：“阅读的快乐显然源自某些断裂……文化及其破坏都不具色情特点；是它们之间的断层变成了色情的。”“快乐所需要的，是一种出现损失的场所，是断层，是中断，是风蚀。”“人体最具色情之处，难道不就是衣饰微开的地方吗？……间断具有色情：在两种物件（裤子与毛衣）之间、在两个大边缘（半开的衬衣、手套和袖子）之间闪耀的皮肤的间断具有色情；正是闪耀本身在诱惑，或进一步说，是一种显现—消失的表现状态在诱惑。”[③] 断层正是遮蔽与敞开的交接部位，遮蔽将目光引向这里，并激发了欣赏者对身体遮蔽部位的想象，感受到其中的性感诱惑。身体在断裂处敞开，表达着自身的性感魅力。

身体的一些特定部位总是被认为是性感的代表。从张扬性感的广告中我们可以看出，被强调的身体部位往往是：嘴唇、颈部、胸部、臀部、腿部等。博克在论述渐变作为美的特征之一时说：“观察一位美妇人的最美的部位，

① [德]格罗塞：《艺术的起源》，蔡慕晖译，商务印书馆 1984 年版，第 99 页。

② 同上书，第 99 页。

③ [法]罗兰·巴特：《文之悦》，屠友祥译，上海人民出版社 2004 年版，第 15—19 页。

颈和胸的附近，光滑、柔软、令人舒服又不易觉察的突起。”[①] 这些身体部位都具有这样的特点，或者与性有关，是生理性的性敏感区域；或者与遮蔽带来的诱惑有关，长期处于被遮蔽的情况下。因为社会的规范约束我们不能赤身裸体，身体的一些部位总是要被遮蔽起来。遮蔽带来的神秘感是性感产生必不可少的条件。正如马奈的《奥林匹亚》，裸体的奥林匹亚利用一只手遮蔽了与性关系最密切的部位。而这种遮蔽明显地激怒了当时的评论界。评论家们的震惊是因为这只手明确暗示了那里有什么东西被遮盖了，倘若直接地描绘裸体反而会冲淡这个问题。另一种极具性感诱惑力的情况是遮蔽部位意外的敞开。正如玛丽莲・梦露最令人称道的照片，当风吹起裙子的瞬间，被遮蔽的双腿意外地瞬间敞开，带来的是长达半个多世纪的性感展露的典范。

在女性对身体的装饰中，一件非常有魅力的物品——长筒袜体现着对身体装饰的微妙之处。长筒袜从最初的厚实、保暖发展到现在的柔软、性感，经历了一个漫长的时代。直到“1926 年，美术设计师展示出一种类似面纱、遮掩效应的长筒袜，特别是当女性从汽车中跨出，并裸露出她们长筒袜以上的大腿时，效果更佳。肉色的尼龙袜变得越来越透明，使其看起来越来越近于赤裸。它们被卷在吊袜带上好似一个镯，这就像对腰以下裸露的躯体投上了强光。由于这种卖弄风情的外貌，长筒袜曾带有一种色情的暗示。”[②] 长筒袜作为贴身的装饰，统一了遮蔽与敞开的矛盾。一方面，长筒袜遮盖了女性的腿部，令其滑入不可直观的想象空间；另一方面，长筒袜令注意力集中在女性的腿部，特别是裙子与长筒袜之间裸露的部分，突出了身体敞开的诱惑力。正是这种复杂的魅力令女性为它疯狂，甚至“在第二次世界大战中，生产的尼龙全被征调为军用，女士们只能重新用化妆品来装饰腿部。她们用

① [英] 博克：《崇高与美：伯克美学论文选》，李善庆译，三联书店上海分店 1990 年版，第 132 页。

② [美] 凯伦・W. 布莱斯勒、凯罗林・纽曼、吉莉安・普劳科特：《百年内衣》，秦寄岗、屈连胜译，中国纺织出版社 2000 年版，第 98 页。

图 2-2-7 美国电影《毕业生》海报，1966 年

液体将长筒袜形状抹上后，再用眉笔在腿部后面画上丝袜缝线。"① 女性深深感受到适当的遮蔽身体，会令其比毫无装饰的裸露更具有魅力。当《毕业生》的海报上，丹斯登·霍夫曼若有所思地看着鲁滨逊夫人穿着长筒袜的腿，这一刻已经成为电影史上的经典，长筒袜也成为性感的象征。

单纯裸体的性感意味是不强烈的，正如罗兰·巴特所说，女人在脱光衣服的霎那间便被剥夺了性感。而服饰是以遮蔽的方式在言说：这里存在什么，在这里我们可能看到什么。虽然我们最终可能什么也没有看见，但想象给予了我们美妙的图景，赋予被遮蔽的身体以性感魅力。对身体的遮蔽恰恰强调了其性感的诱惑力，以至于在潜意识层面，我们将用来装饰身体之物无一例外地赋予了性感的意味。所以从深层来说，所有的衣服都带有色情意味。这就如同我们"对美的寻求"一样，性感意味也是时尚与生俱来的特征。时尚的装饰物件通常在遮盖身体的同时又展现了身体，将本来可能并不存在的性意味附着其上。人们对服饰的感受往往是一种幻想的视觉。这种幻觉虽无可能触及生殖器——因为生殖器是未知的、看不见的，但是当个体的情欲投射在最亲密覆盖着身体的衣物上时，时尚也由此成为了性感的代言。

2．身体语言言说性感

除了时尚装扮着的静态身体形象之外，身体通过自身的语言也表达着性感。美国心理学家阿尔伯特·梅拉比安经过大量观察研究得出如下公式：

① [美] 凯伦·W. 布莱斯勒、凯罗林·纽曼、吉莉安·普劳科特：《百年内衣》，秦寄岗、屈连胜译，中国纺织出版社 2000 年版，第 98 页。

信息总效果 =7% 的文字 +38% 的声音 +55% 的形体语言

足见身体语言对于信息表达的关键。对于身体言说性感的方式，主要集中在面部的表情、身体的姿态和肢体动作三个方面。性感的身体言说体现的是一种动态的表达，是内在与外在的统一。正如李渔所言之“媚态”，不是单纯身体的形式特征，而是身体的性感样态。

对于表情而言，眼神和嘴的动作最能突出性感诱惑。眼神和嘴唇的突出，明确而普遍地被利用于平面广告中女性形象的塑造中。1998 年 Christian Dior 推出了一款香水，HYPNOTIC POISON（俗称红毒）。在它性感的平面广告中，身穿黑色晚装的女巫在暗红色的背景前，仿若翩翩起舞，炫耀着自己的魔力和手中的香水。女巫的眼睛和嘴唇是整个面部妆容最突出的部分。暗色的眼影配以仿若在炫耀魅力的眼神，深红色丰满的嘴唇微张，就像正在述说着渴望。这款广告是彰显性感诱惑的代表之作，被时尚评论人认为画面里有“勾人的小钩子”。事实上，香水广告的性感诱惑是普遍的。因为香水一方面是亲密的象征（现代礼仪要求香水只有在身体距离 1 米之内才应被闻到）；一方面又代表着诱惑，霸道地强占对方嗅觉的吸引力。香水广告历来试图用视觉语言来表现嗅觉感知的无形诱惑，突出模特性感的身体部位是较为普遍的方式，而眼神和嘴唇就是身体面部突出的焦点。

图 2-2-8　迪奥品牌 HYPNOTIC POISON 香水广告，1998 年

身体的姿态是表现性感更突出的手段。我们不妨以希腊古典时期的雕塑《尼多斯的阿弗洛狄忒》和 18 世纪法国著名画家布歇的油画《躺在沙发上的奥达丽斯克》为例，来分析姿态如何张扬性感。《尼多斯的阿弗洛狄忒》是公元前 4 世纪艺术巨匠普拉克西斯特的杰出作品，表现的是女神沐浴

图 2-2-9 ［古希腊］原作为普拉克西特列斯：《尼多斯的阿弗洛狄忒》，公元前 350 年

图 2-2-10 ［法］弗朗索瓦·布歇：《躺在沙发上的奥达丽斯克》，1752 年

的情景。阿弗洛狄忒裸露身体，微微向前倾身，腰部和腿部的弯曲线条勾勒出一种高尚而优美的姿态。从裸露的程度来说，阿弗洛狄忒可以说是暴露无遗了，因是圆雕，又可以从任何角度观赏。而布歇的《躺在沙发上的奥达丽斯克》是一幅油画，表现的是少妇慵懒地俯卧在一张宽大柔软的沙发上的场面。画中仅仅描绘了一个女性身体的背面，从裸露的程度来说显然是不如前者的。但是，从效果上来说，前者给人一种纯净的美的感受；后者却流露出些许色情的趣味。这一点，连西方美术史家也并没有回避。[①] 这说明，姿态令身体的性感部位更加突出，使其处于视觉的焦点，从而强调了身体的性感诱惑力。

① 陈醉编：《人体美与性文化》，中国文联出版公司 1990 年版，第 26 页。

肢体的动作中对性行为过程中状态的模仿，是身体言说性感最直接的方式。这一点在米开朗基罗的作品《丽达与鹅》中就有表现。化身为天鹅的宙斯，与达丽相互拥抱，若即若离地亲吻，通过象征表达了性与性感。在动态的身体语言中，舞蹈通过暗示表达性感的意味。探戈是一种出自阿根廷的双人对舞，被认为是最典型的拉丁美洲的艺术表现形式，具有清晰的独特性和兼容性。这种舞蹈据传起源于情人之间的秘舞，一直被认为是拉丁舞中最性感的舞种。其配乐节奏明快，独特的切分音为它鲜明的特征。舞蹈时，男士佩戴领结身着深色晚礼服，而女士则以一侧高开衩的长裙装扮。舞步华丽高雅、热烈狂放且变化无穷，交叉步、踢腿、跳跃、旋转令人眼花缭乱，其丰富的肢体语言，酷似对性行为的抽象模仿。它“所曾经具备的伟大的社会势力，则实在是我们现在所难想象的……原始的舞蹈才真是原始的审美感情地最直率、最完美，却又最有力的表现”。

舞蹈是情感的表达：

> 情动于中而形于言，言之不足故嗟叹之，嗟叹之不足故咏歌之，咏歌之不足，不知手之舞之，足之蹈之也。（《毛诗序》）

发于内而显于外的情感表达，才是性感的表达方式。尼采的酒神精神（其要义是肯定人生，歌唱人生，歌唱咏叹人生的悲剧性）就是以舞蹈和欢笑作为象征的。酒神查拉图斯特拉原来就是一个舞者，轻便简捷的足是其神性的第一属性。舞蹈意味着超越，意味着生命的狂舞，意味着节奏，那种裹动一切的节奏。因为舞蹈是飞腾的准备。在舞的姿容中，超越凡尘，而达至永恒。他这样说：在这种醉意的舞境中，“每个人都感到自己同邻人团结、和解、款洽，甚至融为一体了，摩耶的面纱好像已经撕破，只剩下碎片在神秘的太一之前瑟缩飘零。人轻歌曼舞，俨然是一更高共同体的成员，他陶然忘步忘言，飘飘然乘风飞扬”。[①]而舞蹈是酒神精神最重要的象征。

① ［德］格罗塞：《艺术的起源》，蔡慕晖译，商务印书馆1984年版，第235页。

在中国传统文学中对女性美的描述，都体现着这样由内到外的魅力展现。身体对性感的言说不是平面的、静态的，而是动态的，呈现在个体的整体状态中。

眉如翠羽，肌如白雪，腰如束素，齿如含贝，嫣然一笑，惑阳城，迷下蔡。（宋玉：《登徒子好色赋》）

手若柔荑，肤如凝脂，领如蝤蛴，齿如瓠犀，螓首蛾眉，巧笑倩兮，美目盼兮。（《诗经 · 硕人》）

小山重叠金明灭，鬓云欲度香腮雪。懒起画蛾眉，弄妆梳洗迟。照花前后镜，花面交相映。新帖绣罗襦，双双金鹧鸪。（温庭筠：《菩萨蛮》）

与中国传统文化相似的日本传统文化中，有对“色气”的研究，接近李渔之“媚态”，可谓是对性感的考量。“所谓‘色气’，不是色情，更接近西洋人所谓的‘性感’，却没有那么露骨，也不只有朝向异性的性魅力之性格，‘色气’有暗示的性的魅力，但目的并非肉体的结合；它唤起人的欲望，却要掩饰这种欲望，指向更广阔的感性范围；这些多少能从现代日本的许多美人图（不一定是裸体）体会出来。‘色气’一词不易解释，顶多可用‘媚趣’二字来说明，但这种媚趣，不是故意装出来的迷惑人的，它不是一种压倒人的、端正的美态，而是在自然的气氛中无意间让人陶醉的，是妩媚，确是自然的妩媚，其实我国古代的仕女图，也常见此种媚趣。”①“色气”或是“媚趣”，正是性感的最好表现。

总体看来，性感的身体言说虽然可以通过单纯的表情、姿势和动作来表现，但是，最符合性感本意的应该是身体整体表现出的样态，也可以说是个体存在的状态。“女人的美很大程度上归功于她们的孱弱或娇弱，那种类似

① 庄伯和：《肉体关照——官能美的媚趣》，原载于台湾《雄狮美术》，1985 年第 8 期。转引自陈醉编：《人体美与性文化》，中国文联出版公司，第 206 页。

娇弱的心理品质——羞怯使她们显得更美。"[①]性感是无形的，如李渔所言"独相态一事，则予心能知之，口实不能言之"[②]，却又通过有形的身体表达出来，即"色气""媚趣""媚态"，实则是性感无形又有形的魅力。

3．性感的身体仿象

性感，作为两性之间性的吸引力，根植于人的性本能，最直接地表现在有性意味的身体形象上。当代的时尚文化中，时装、汽车、居住环境都可以被冠以"性感"之名。时装经由与身体的密切关系被认为带有性的意味，这一点在恋物癖中得到了极端化的证明。而其他的时尚物品，也可以通过对身体形象的模仿来令自己充满性感意味，以吸引观众的注意，甚至是激起观者的占有欲。仔细观察可以发现，在时尚的商品中，用形象来模仿、象征人体性感部位的情况比比皆是。

2006年哈根达斯推出的夏日新品平面广告，就因其中的象征意味被指不雅。广告画面正中是一杯奶昔，装在细长的高脚杯中，一块球形的冰淇淋置于杯口，突出在杯口上方。而在画面的上部，三位女士正在共同吸食这杯奶昔，分别流露出欣喜、陶醉和略带羞涩的表情。广告单就内容而言无可厚非，但是高脚杯的形状的确极像男性的性器官，配合上享用者的表情，突出了其中性的暗示。这种隐喻的方法在时尚产品的包装及广告中屡见不鲜。看看GIVENCHY(纪梵希)1996年推出的金色年华（Organza）香水，华丽造型的香水瓶正是对女性身形的模仿，令女性曲线一览无余。这种以柔软的洋装包裹纤细身形的女性华美造型的香水瓶，已经成为不折不扣的艺术品。这两则例子体现了时尚对性感身体仿象的两种不同类型：前者属于间接隐喻，后者属于直接模仿。

这些时尚作品被认为是性感，或过于色情，其实是观者在对其直观的过

---

①［英］博克：《崇高与美：伯克美学论文选》，李善庆译，三联书店上海分店1990年版，第134页。

②（清）李渔：《闲情偶寄·选姿》，中国社会出版社2005年版，第1—14页。

图 2-2-11 纪梵希品牌 Organza 香水广告，1996 年

程中，联想赋予了其性感或色情的意义。联想是指由一事物想到另一事物的心理过程，亦即心象的转换递变过程。联想可分为相似联想、接近联想、对比联想、因果联想，等等。在审美活动中，最常见、最重要的是相似联想和接近联想。相似联想是依据相似律，即依据事物之间性质、情态、内容等方面的相似或相近而构成的联想。相似联想是比喻、象征、“托物言志”“借景抒情”等艺术手法的心理基础；接近联想是依据接近律，即依据事物之间在时空的接近而构成的联想。相似联想和接近联想，是审美想象中最基本的联想方式。①

在性感的审美感受中，联想往往是瞬间无意识的联系。相似联想的这种无意识联系得到了格式塔心理学的“同形论”②的证明。依据这一理论，表面上毫无关联的事物，由于这种“同形同构”，会产生一种必然的感应和契合。只是这种感应和契合的心理能力，需要主体长期积累的丰富经验为基础，完全建立于主体的生活经验和知识之上。所以，性感的审美感受中，无意识里的联想是以回忆为基础的，也是将自我对象化的过程。

正如郭熙论山水云：“山，大物也。水，活物也。山以水为血脉，以草木为毛发，以烟云为神彩，故山得水而活，得草木而华，得烟云而秀媚。水以山为面，以亭榭为眉目，以渔钓为精神，故水得山而媚，得亭榭而明快，

① 叶朗编：《现代美学体系》，北京大学出版社 1999 年版，第 176—177 页。

② 同形论是格式塔心理学的一个基本原理，其要旨是认为外在物理场与主体心理场之间有一种异质同形的内在联系，这种同形体现在外在事物的物理性的力的样式、方向、强度，同主体心理力的样式、方向和强度之间有一种契合关系，所以我们才能在客观物象中体验到相应的表现性和情感。

得渔钓而旷落，此山水之布置也。”[①] 人在审美意识发展的过程中，是将自身投射到自然中去之后，即本质力量对象化之后，才会认为自然是美的。时尚中的商品之所以性感也是如此。个体将自己的欲望投射到商品上，感受到商品所具有的性感意味。只是商品与自然物不同，商品从设计出来的一刻就自觉地模仿身体形象，目的就是为了令个体能直觉感受到其中的性感意味，激起个体对商品的占有欲，促成商品交易。

第三节　时尚化的性感

时尚，是一种将个体社会化的力量，“是我们众多寻求将社会一致化倾向与个性差异化意欲相结合的生命形式中的一个显著的例子而已。”[②] 时尚显示着自身的独特性，炫耀着自我的优越感，同时又渴望着向少数派靠拢，被人跟随，被人模仿。

这是一种人性的悖论，一方面人渴望群体，希望生活在社会中；另一方面人又渴望独立，渴望特立独行赢得大家的关注。这就要求，既要在群体中，又要与群体保持区别，至少与大部分人保持区别。在社会的发展中，人性的这种悖论终于在“衣着模式或行为方式”上找到了突破口，时尚就顺其自然地产生了。用凡勃伦的话来说就是，“同任何其他消费类型比较，在服装上为了夸耀而进行的花费，情况总是格外显著，风气也总是格外普遍”。[③]

这就注定了时尚的两种本质性社会倾向：同化与分化，这也是时尚形成的必要条件。首先要有分化，即要存在结构分明的社会秩序，这样人们才会为了向少数派靠拢来挖掘时尚。无等级也就意味着没有时尚，《时尚的哲学》中举到卡菲族的例子，这个部落中因为没有社会等级的划分，人与人显得非

① 刘成纪：《汉代美学中的身体问题》，武汉大学博士论文，2005 年。

② [德] 齐奥尔格·西美尔：《时尚的哲学》，费勇等译，文化艺术出版社 1997 年版，第 72 页。

③ [美] 凡勃伦：《有闲阶级论》，蔡受百译，商务印书馆 1997 年版，第 132 页。

常平等，所以没有时尚的产生。另一个条件就是，在有社会划分的社会中，人们要有统合的欲望，并且存在相对宽松的社会制度允许这种统合。在社会管理异常严格，任何超越等级的模仿都不被允许的社会中，也不会有什么时尚。或者，一个社会中的人们缺乏统合的愿望，每个人都满足于自己，觉得自己已经足够特立独行，不愿意再去模仿别人，这样的社会中也不会产生时尚。

“时尚的本质是由分界功能——再加上模仿功能——构成的。”[①] 这也是时尚自身的悖论。一方面，它要成为流行，受到大家的模仿才能成为时尚；而另一方面，如果时尚一旦流行开来，到了人尽仿之的地步，也就不再是时尚。所以，“时尚本身并不能流行开来”。这也是为什么时尚总是瞬息万变，不断创新的原因。

实际上，时尚化为性感带来的特征都是时尚文化自身的特点。虽然从自然层面来考察，性感是两性之间最自然的吸引力，但在时尚文化中，性感不可避免地与个体炫耀、消费、商品发生关系。时尚使性感具有了社会属性的同时，也令性感审美产生了异化。

一、性感的时尚面貌

性感由身体来表达，时尚塑造着身体，所以时尚也赋予了性感新的特点，一是显示差别；二是被模仿。这是性感被时尚化的过程，也是性感被社会化的体现。一方面，时尚中的性感体现了社会优越性，这种优越性是由身体直接表现出来的。性感时尚的身体使个体与众不同，体现着个体的健康、节制、甚至优越的生活条件；另一方面，时尚化的性感又具有了榜样的地位，受到追捧和仿效。为了既显示差异，又受人模仿，随之而来的，就是性感的表现也在不断地发生着改变。

---

① [德] 齐奥尔格·西美尔：《时尚的哲学》，费勇等译，文化艺术出版社 1997 年版，第 74 页。

1．性感时尚：区别与模仿

性感与时尚一直紧密相连。在当代社会中，服饰不断地追求薄、透、露，内衣外穿，裙子越来越短，诸如此类已成为时尚的主流。但实际上，性感时尚的历史由来已久。18—19世纪欧洲服装的风格，就体现了性感与时尚的融合。不仅女性服装性感诱惑，而且这一时期的男性服装也突出着性感魅力。爱德华·博克斯在他的《欧洲风化史》中把18世纪妇女的时装直接描述为“伤风败俗的服装”。以当时的洛可可服装为例：“洛可可时装的优雅，是精致到了极点的优雅，也就是把各部位完全看成肉欲享乐的工具，而且特别强调这一功能。”至于18—19世纪，不仅妇女的流行服装为了展示性的裸露：“乳房、怀抱、卡里皮加的维纳斯的魅力、大腿和小腿肚。而且妇女的装束正是为了把男子的注意力吸引到这些美妙之处。同时，无论是在客厅里，还是在大街上都是一样的大胆。”而当时流行的男子服装，比如紧紧裹住身体的长裤，也是为显出整个的身体，追求色情的效果，以致教皇提出禁止这样的瘦腿长裤。①

图 2-3-1 ［法］弗朗索瓦·布歇：《蓬帕杜夫人画像》，1756 年

以路易十五的情妇蓬巴杜夫人为首，左右着18世纪前半期的洛可可风格。

对于性感时尚带来的区别与模仿，紧身胸衣和高跟鞋给我们提供了具有代表性的文本材料，从一定意义上说，二者可以被看作女性性感时尚的代表。

① ［德］爱德华·博克斯：《欧洲风化史：资产阶级时代》，赵永穆、许宏治译，辽宁教育出版社2000年版，第185—186页。

图 2-3-2 ［英］尼古拉斯·希利厄德：《伊丽莎白一世画像》，1592 年

16 世纪文艺复兴时期紧身胸衣有了完备的形制，当时的英女王伊丽莎白一世也曾一度倡导束腰，这就深深影响了那个时代以及之后 5 个世纪之久的女性。

紧身胸衣具有浓烈的性感意味。“被紧紧地束住胸的状态是色情的紧张状态，是需求的替代，或是激情的释放过程，它们可能会被有意地控制、延长或是推迟。对男性来说，紧身胸衣代表了一种难以解决的色情障碍，它可以被灵巧地移动，这一点容许了所有性爱前的前戏的发展，预示了有关爱情的专门技术。对女人来说，解开带子意味着（许诺了）性的释放。”① 在 20 世纪最初的十年，紧身胸衣因其上乘的材质、精细的做工、高昂的价格成为炫耀财富的工具，只有上流社会的女性才能穿得起。“这是内衣史上的一个辉煌年代。新款内衣的风格较之以前更为大胆，丝绸与蕾丝代替了维多利亚时期的细布、亚麻布和棉布面料。内衣价格不菲，而衬裙更是有过之而无不及。势利风无处不在，内衣俨然成为炫耀财富的工具，甚至连小孩也不例外。”② 新款内衣以它高昂的价格成为财富的象征。但是很快，紧身胸衣也受到平民阶层的拥护，许多人让无名的小裁缝依葫芦画瓢制作紧身胸衣，使紧身胸衣很快普及开来。但是这样做难免存在一些令人感到遗憾的地方。著名编辑弗罗拉·克利克曼在《女子特报》和《妇女杂志》中撰文批评道：“这些内衣做工粗糙，用廉价的仿蕾丝、纸带做成的蝴蝶结点缀的仿冒品显得俗不可耐，穿上它们，不仅是浪费钱财，还有虚伪矫饰的味道。不仅如此，这样也纵容了穿戴者对不良事物

① Kunzle, D.: *Fashion and Fetishism: A Social History of the Corset Tight-Lacing and other Forms of Body-Sculpturein the West*. Totowa, NJ: Rowan and Littlefield, 1982, p,31.

② ［英］莫微·理查德斯：《流行：活色生香的百年时尚生活》，俞蘅译，中国友谊出版社 2007 年版，第 46 页。

的包容。”[①] 可见，上流社会或者较高阶层，是并不希望这种象征着财富的时尚之物完全成为大众消费品的。

高跟鞋同样是先受到少数人的追捧，之后才慢慢成为时尚的。人们普遍认为：穿上高跟鞋，女人自然挺胸翘臀，胸部和臀部两个性感部位得到充分展露。并且高跟鞋让女人的高度增加，特别使腿的长度明显加长，身材比例更加完美。胸部、臀部和修长美腿都是性感的代表。一个女人穿上高跟鞋不光是展现性感的脚，也充分展现了全身每个性感部位的魅力。据说高跟鞋起源于 17 世纪法国宫廷服装，以后传到美国。开始是在受法国影响的城市新奥尔良出现。在那里的妓女发现穿高跟鞋的姐妹比不穿的客人多得多，然后全体妓女都穿高跟鞋上阵。以后这个时髦传到普通的城市妇女中，影响到整个美国和欧洲。

图 2-3-3　路易十四的红高跟，17 世纪 70 年代

从 20 岁出头到 63 岁高龄，路易十四将他的高跟鞋鞋跟包裹上红色的摩洛哥山羊皮革或者是将鞋跟漆上红色。这样，他的这些高跟鞋不像女人的绿色天鹅绒皮鞋一样有太多的仿冒品。

这样看来，从少数到多数，从个别到一般是性感时尚的必由之路，这其中也体现着从“体现差异”，经由“广泛效仿”，到“普遍流行”的趋势。在阶级社会中，性感时尚体现着上层阶级与下层阶级之间的区别。爱德华·博克斯所举的一个例子很能说明这个问题：20 世纪 20 年代时，“有一个讲究穿戴的人抱怨说：‘如今连一文不名的穷光蛋也可以穿高腰身的外衣、马穆鲁克骑兵式的长裤、带折叠衣领的背心、米纳式的大衣，因此我们不得不

① [英] 莫微·理查德斯：《流行：活色生香的百年时尚生活》，俞蘅译，中国友谊出版社 2007 年版，第 48 页。

图2-3-4 美国电影《风月俏佳人》的海报，1989年

在第二次世界大战后期，过膝长靴被看作“情色”的象征，曾是妓女与异癖装的隐喻。正是《风月俏佳人》这部电影令过膝长靴重回时尚，也证明了，时尚不仅仅是普通大众对上流社会的模仿，很多时候，独特性也是大众模仿的对象。

改变装束，否则我们和平民百姓就没有什么区别了。’”他进一步指出，有产阶级若要保持与普通民众的差异，有两种办法：不断变换服饰风格，以及用豪华来显示区别。所以，“奢侈和优雅，这就是有产阶级的口号。”①

到了现代社会，“贵族不再是时装界的精英和样板。交际花、艺术家和电影明星给人提供了另外的典范，而这些榜样人物所提供的形象和行为方式不再鼓励妇女们去模仿上流社会。个人主义和现代性成了时装的主潮”。②虽然阶级的划分不再是主要的差异，虽然性感时尚的模仿对象发生了变化，但是，性感时尚始终是差异和模仿的统合。同时尚一样，如果一种性感类型真正普及到了社会的每个个体，那么性感时尚也就消失了。只有差异和模仿同时存在的情况下，性感时尚才能保持自己的生命力。

时尚化的性感如同时尚一样，具有了同化和分化的特征。“时尚是对既定模式的模仿，它满足了社会调适的需要；它把个人引向每个人都在行进的道路；它提供一种把个人行为变成样板的普遍规则。但同时它又满足了对差异性、变化、个性化的需要。它实现后者是凭借内容上非常活

①［德］爱德华·博克斯：《欧洲风化史：资产阶级时代》，赵永穆、许宏治译，辽宁教育出版社2000年版，第168页。

②［美］珍妮弗·克雷克：《时装的面貌：时装的文化研究》，舒允中译，中央编译出版社2000年版，第103页。

跃的变动。”[①]

2．性感时尚的变化

时尚的变化随着社会的进步越来越频繁。即使是在等级森严的古代社会，服饰的变化也曾引起一些人的注意。如《抱朴子·讥惑篇》论及当时之风俗曰：“丧乱以来，事物屡变，冠履衣服，袖财制，日月改易，无复一定，咋短咋长，一广一狭，忽高忽卑，或粗或细，所饰无常，以同为快。”[②]时尚的变化赋予了性感不同的表现形式。在不同的经济背景、不同的民族、不同的文化中，时尚都显示着差异，性感的表现形式也各不相同。

原始时尚中，性感还无法摆脱与生殖相关的因素。对于女性来说，由于担负着生育的天职，盆骨的大小与生育有着直接的联系。盆骨大一些，有利于生产时胎儿头颅退出母胎，这是包括猿在内的人类进化的结果。因此，“盆骨”在审美中受到了高度的重视，“大盆骨”被视为美。古希腊的女性画像中，处处可见被夸大到夺人眼球的盆骨。这些造型寄寓了当时社会对女性形象的喜好标准，体现出古希腊人对女性美的美感：“丰乳肥臀”被视作生育能力的象征，理所当然被人们认为是性感的。即使在当今世界，仍然存留着一些坚持原始生活方式的土著部落。安德鲁·史密斯爵士在对其中一些部落进行考察时惊奇地发现，在一个被称作霍屯都人（Hottentot）的种族中，部落的大部分妇女臀部异常突出，这在医学上被称为臀脂过肥（steatopygous），然而这一特点却被该部落的男子大为欣赏。最令人不可思议的是，有一次史密斯爵士在观察部落里一位被视为美人的妇女时发现，她的臀部竟如此发达，坐在平地上而无法起立，以致她势必拖着自己前进，直至达到一个斜坡时，才能站起。在不同的黑人部落中，有些妇女也具有同样的特点。按照伯顿（Burton）的说法，索马里男人“选择妻子的方法是，把她们排成一线，挑

① [德] 齐奥尔格·西美尔：《时尚的哲学》，费勇等译，文化艺术出版社 1997 年版，第 72 页。

② 杨道圣：《服装美学》，西南师范大学出版社 2003 年版，第 37 页。

出其臀部最为突出者”。与此相反的形态乃是黑人最厌恶不过的。[①]上述例子证明，原始时尚早期的性感，就是性特征的突出，生殖能力的体现。胸、腰、臀始终是女性形体美的三个重要指标。在尊重自然、主张人文的时代，皆以丰满为美，明显的性特征的差异是性感的重要标志。

在政治和宗教高压的时代，性感的表达出现了转变，并在一种被压抑的状态下延续。在这个时期，宗教和伦理是压抑性感的两把利剑。宗教用禁欲主义来限制着欲望的表露，礼教用伦理道德来规范欲望的表达。基督教将欲望归为原罪，强调禁欲以使灵魂纯洁，死后可皈依上帝的怀抱。而中国的礼教虽然没有从根本上否定欲望，但是要求欲望的满足必须适度，在道德规范的界限之内。因此，在这样的社会中，时尚服饰被赋予了道德的因素，对身体的裸露被视为对道德和宗教的亵渎。在西方漫长的中世纪里，宗教高压下的子民成为蜷曲在上帝脚下背负着原罪的可怜虫。同时，受到禁欲主义影响的性感转而以瘦弱苗条为美。而在等级森严的中国封建社会，人们对性感的态度几乎都来自于儒家所建构的伦理化的性禁忌观念——即将伦理化的性投射于社会生活之中。孔子曰：“不学诗无以言，不学礼无以立。”[②]并不是说人不学诗就无法说话，不学礼就无法站立，而是强调艺术化的语言以及礼仪规范对人的重要性。受儒家影响，服装在中国古代成为判明社会等级和其他礼仪制度的外在标志。这种服装既是审美的，又承载着特定的政治伦理内涵。女性的身体作为男性的私有财产不能随意裸露，只能在闺房中欣赏，是夫妻房事的乐趣。总而言之在这样的历史时期，在西方，性感被压抑在宗教的意志之下；在中国，性感被当作是私有财产的一部分，被圈定在“家”的范围之内。

到了现代社会，性感时尚才逐渐形成，且变化的速度也与日俱增。以女性服饰的演变为例，随着性注意力在女性身体不同部位间的转移，女性的性

① ［英］达尔文：《人类的由来及性选择》，叶笃庄、杨习之译，科学出版社 1996 年版，第 624 页。

②《论语·季氏》，（宋）朱熹：《四书章句集注》，中华书局 2012 年版，第 175 页。

感服饰也表现出不断变化的特点。19 世纪 90 年代巴黎的女孩子穿着沙沙作响的裙子跳着颓废的康康舞；“而 20 世纪 20 年代，裙摆的缩短使长筒袜日益重要；20 世纪 50 年代的锥形乳罩强调胸部，将人们的注意力吸引到乳房上；而 20 世纪 60 年代，随着超短裙的出现，人们的注意力更多转向了大腿；到了 70 年代，由于瘦腿裤和紧身牛仔裤的风行使臀部又成了焦点，相应地，小三角裤取代了坚实的短裤。”①

图 2-3-5 麦当娜·西科尼，美国著名歌手

麦当娜身穿的这件著名的锥形胸衣，是由法国著名时装设计师让一保罗·高缇耶为麦当娜 1990 年全球巡回演唱会设计的。这件锥形胸衣不仅仅成就了一次演唱会，更成为一个震惊世界的行为艺术经典，也将内衣外穿的风潮延续到了今天。

正是基于这类现象，拉弗用“移动的性感部位”理论来解释女性时装的频繁变化。他提出了女性时装的“勾引原则”，即女性时装的设计本来就是为了增强女性对于男子的性的吸引力。当然，对于妇女或男人的着装目的是否为了吸引异性的目光也有不同的声音。赫洛克就认为：“一般来说，历来的服饰改革家主要来源于男性，而男人们对繁杂的女服会感到厌恶，据此我们认为：如果女人们穿衣服主要是为了取悦异性，那她们就应该删繁就简，避免服饰上的任何极端行为。”“因此，可以看出，女人们使出浑身解数在服装上大下功夫，其真正的动机就是为了与其他妇女媲美，看谁最能突出自己。男人们也一样，他们要么是为了自己穿衣，要么就是为了其他男人穿衣，并非为了专门取悦女人。”②

① [美] 凯伦·W. 布莱斯勒、凯罗林·纽曼、吉莉安·普劳科特：《百年内衣》，秦寄岗、屈连胜译，中国纺织出版社 2000 年版，第 9 页。

② [美] 伊丽莎白·赫洛克：《服装心理学》，吕逸华译，纺织工业出版社 1986 年版，第 38—39 页。

对性感时尚变化的原因有多种解释，无论是以性诱惑为目的，还是以炫耀自身为目的，都体现着性感时尚“区别”与“模仿”的根本属性。正是二者之间的张力冲突，推动了性感时尚不断改变自身。性感随时尚而变化，才更体现了它显示差异、引发模仿的特征。

作为大众文化的时尚在当代大行其道，而它所张扬的性感也是横冲直撞，极具冲击力。时尚、大众文化、商品消费和经济利益密切关联在一起。为了获得更多的利润，时尚总是不断地创新，创造出不断翻新的商品。所以当代时尚中的性感，更是充满变动性，并体现在身体表达欲望的方式上。

在当代的西方，已经出现了两极分化的趋势，女性的性感形象以健壮丰满的“丰韵美”与消瘦若骨的“骨感美”同时并存。昨天时尚还在用华丽的内衣向女人们表示丰满的胸部是性感的标志，今天在铺天盖地的广告中性感的女人被抽象成了垂直线条的 H 型身体。时尚如此变动不居，令性感也显得朝秦暮楚。今天性感还是女大学生修长的双腿和超短裙，明天就已变成潜藏在波希米亚长裙下无意中显露的一点春光。即使是并不太受人关注的男性性感，也受到时尚的影响，透出了些许变化。胡须和肌肉一直被视作男性气质的代表，被认为是人类发展史上性选择的结果。而当男士们还在用满脸胡茬的沧桑形象标榜自己的时候，还在炫耀自己在健身房的锻炼成果的时候，花样美男又成为了最时尚、最性感的代表。而代表着职业特征与男性身份的衬衣，在时尚的推动下，也成为了男性身体最性感的装饰，其纽扣甚至渐渐沦为无用的装饰品。由此可见，大众文化时代的时尚呈现出多元化的状态，其转变的速度也是前所未有。而性感在时尚浪潮的推动下，同样在不断流变。

安妮·霍兰德指出，由于性本身所具有的“反复无常、毫无规律和富于创造力等特征”，使性感成为时装的基本的表现动力，成为时装创造力的源泉。[①] 波德莱尔对时装所表现出来的千变万化的美的形象有一段非常生动细

① [美] 安妮·霍兰德：《性别与服饰：现代服装的演变》，魏如明等译，东方出版社 2000 年版，第 36 页。

图 2-3-6 鹿晗，内地著名歌手（图片来自网络）

花样美男的流行，重新阐释了什么叫作“男人味”，重新定义了男性气质。

致的描述，我们可借此来认识时装所表现出的美：“这里是威严的，那里又是轻浮的；时而苗条，甚至纤细；时而庞大，时而小巧，闪闪发光；时而笨重，硕大无朋。它创造了一种挑衅式的、野蛮的优雅，或者说它多少成功地追求着一种在更高级的社会阶层中流行的单纯。它前进着，轻轻掠过，跳着舞，穿着绣花的裙子滚动着，那裙子既是它的台座又是它的平衡器。它戴着帽子，凝目而视，活像画框中一幅肖像。它很好地体现了文明中的野蛮。它有它来自恶的美。”①

时尚的变化必然规范着性感的表现方式，其变动不居的特点也令性感的表现不一而足。时尚中的性感也因此具有了社会的属性，不仅仅是为了吸引异性的注意，而且也体现了区别与模仿的社会关系。

二、性感的消费异化

我们的生活已经被时尚改造了。很多人不愿意承认这个事实，觉得自己可以游离于时尚之外。但正如电影《The Devil Wears Prada》里讲到的，

① [法] 波德莱尔：《波德莱尔美学文选》，郭宏安译，人民文学出版社 1987 年版，第 506 页。

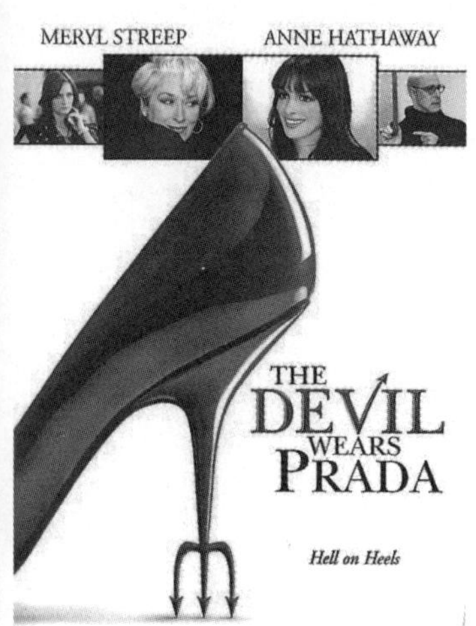

图 2-3-7 美国电影《穿普拉达的女王》海报，2006 年

电影中，时尚女总编米兰达因为助理安迪为模特挑选腰带时非常敷衍，所以训斥了安迪。这个经典桥段的台词讲述了一个事实：因为时尚具有超高的商业价值，所以所有的商品都在向时尚学习。以至于，人们以为自己可以自由选择，却只能在时尚的范围内做出选择。

事实上，在现代社会，你已经不可能选择生活在时尚之外，时尚已经渗透到衣食住行的各个方面，只要你与社会还存在联系，还需要别人生产的商品来满足你的需要，你就不可能完全置身于时尚之外。因为现代社会商品的生产，完全在遵循着时尚的方向前进。我们以为可以选择时尚或非时尚，其实只是在时尚中进行选择，这个时尚或那个时尚而已。

时尚改造着我们的生活，“审丑”现象的风行就是最好的例子。时尚最根本的目的是显示差别，为了显示差别，时尚与美可以不完全统一。盛极一时的嬉皮士发型、嬉哈装扮、以及中性风潮，从传统意义上讲，并不是优美的，甚至有点丑和崇高的味道。但在时尚中，为了显示自身与大众的差异，凸显自身的优越感，都受到了热情的追捧。

在时尚文化与消费文化融合的今天，我们越来越感受到时尚在我们身上的力量。虽然我们出于审美的目的创造、追逐时尚，但是常常感受到时尚对我们的强烈的反作用力。马克思在《1844 年经济学哲学手稿》中讲道：“劳动所生产的对象，即劳动的产品，作为一种异己的存在物，作为不依赖于生产者的力量，同劳动相对立。劳动的产品是固定在某个对象中的、物化的劳动，这就是劳动的对象化。劳动的现实化就是劳动的对象化。在国民经济学假定的状况中，劳动的这种现实化表现为工人的非现实化，对象化表现为对象的丧失和被对象奴役，占有表现为异化、外化。”① 我们已经处在一个被时尚、被消费异化的年代。

商品社会的到来，时尚的具体样式的重要意义似乎已经丧失，而时尚所表达的趣味和生活方式渐渐成为影响个体的主要因素。詹姆逊认为当代社会

① [德] 马克思：《1844 年经济学哲学手稿》，人民出版社 2000 年版，第 52 页。

进入了以后现代主义为其文化逻辑的晚期资本主义时代。[①]在这个时代中时尚迅速变化，“人们对‘品格’——此乃道德标准和严肃目的的合成物——的重视也转移到‘个性’上来——后者标榜与众不同和自我提升。一言以蔽之，现代人满足的源泉和社会理想的标准不再是工作劳动本身，而是他们的‘生活方式’。”[②]这种生活方式不再由不同等级的阶级差别体现出来，而是通过那些“用耀眼的风采和魅力包装一新的”商品的消费体现出来。

图 2-3-8 蔡欣颖，号称新加坡“instagram 女王”（图片来自其个人社交网站）

蔡欣颖坐在自己的衣帽间里，柜中放满了爱马仕的包包，她也被称为世界上拥有最多的爱马仕的女人。当代时尚，虽然是面向全体大众，却总是用消费主义筑起与大众之间的高墙。

时尚文化与商品的融合，使商品本身的性质被淡化了，商品变成了能够表现一个人的社会地位和生活方式的符号。商品不再仅仅简单地满足人的生理需要，而是更多地满足人们的心理需要。凯恩斯指出：“人类的需要可能是没有边际的，但大体能分为两种：一种是人们在任何情况下都会感到必不可缺的绝对需要；另一种是相对意义上的，能使我们超过他人，感到优越自尊那一类需要。第二种需要，即满足人的优越感的需要，很可能永无止境……但绝对的需要不是这样。”[③]这种消费主义和满足人们的生理需要已经没有任何关系了，因为，生理需要是不需别人提醒的。消费主义所造成的，只能被称为“诱导出的需求冲动”，或者按照马尔库塞在《单面人》中的表达那样，

---

① [美] 詹姆逊：《文化转向》，胡亚敏等译，中国社会科学出版社 2000 年版，第 19 页。

② [美] 丹尼尔・贝尔：《资本主义的文化矛盾》，赵一凡等译，台北久大文化公司 1989 年版，第 38 页。

③ [英] 凯恩斯：《温暖子孙的经济前景》，转引自丹尼尔・贝尔：《资本主义的文化矛盾》，赵一凡等译，台北久大文化公司 1989 年版，第 22 页。

就是一种“虚假的需求”。因此，商品的生产目的就在于刺激人们可能不断增长的，想要表现出个人地位和优越性的欲望。

鲍德里亚写道：当代资本主义的基本问题不再是“获得最大的利润”与“生产的理性化”之间的矛盾（在企业的主层次上），而是在潜在的无限生产力（在技术结构的层次上）与销售产品的必要性之间的矛盾。在这一阶段，体制必须不仅控制生产机器，而且还要控制消费需求；不仅要控制价格，而且还要控制这一价值所需求的东西。……生产企业控制着市场行为，引导并培育着社会态度和需求。这就是生产秩序专断的一面，至少是有这种倾向。① 在时尚消费中，一些奢侈消费品及服务类消费品变成了日常消费品，并且消费品被符号化了。消费时尚不仅是消费商品，更多地是在消费商品带来的符号化意义，一种标志着生活状态的象征意义。

对时尚的追求表明人的理性能力的弱化，感性欲望代替理性的意志成为心灵中的主宰。在这样的情况下，时尚最初的审美目的也受到了威胁。玛克斯·德索指出，传统的“理想的美是直接显现的形式的统一，这个统一不仅与内心活动的自然进程相合，而且与内心状态的和谐共存相合”。他指出，美要符合我们心中的三条标准。

1. 对象必须使感官愉快——生理条件

2. 对象符合我们精神生活的规律——心理条件

3. 对象必须涉及世界的含义并使世界有规则、统一的观念得到满足——先验条件②

而时尚所追求的形式至多只符合第一个条件。

时尚对传统审美的挑战受到了许多学者的批判。安妮·霍兰德指出，“从审美的角度上看，它的外观令人反感，甚至被人们认为是残暴无耻和可憎的。

① [法]让·鲍德里亚:《消费社会》，刘成富、全志钢译，南京大学出版社2000年版，第61页。

② [德]玛克斯·德索：《美学与艺术理论》，兰金仁译，中国社会科学出版社1987年版，第137页。

人们对它昂贵的价格和花里胡哨的装束所带来的不方便也颇为不满。当然，最让人无法容忍的是，时装表演越来越倾向于展示人的肢体，不论是男士时装还是女式时装都有意把目光引向人体本身。”[①] 由此可见，性感已经成为时尚所追求的目标，张扬的特色，关注的焦点，在对其极致化的追求中也产生了个体的异化。

这种异化首先表现在个性的丧失。在时尚的仿效中，仿效者亦欲获得一种因衣饰上的仿效而与地位高贵者相齐一的幻想。《新唐书·五行志》载：“天宝初……杨贵妃常以假髻为首饰，而好服黄裙。时人为之语曰：义髻抛河里，黄裙逐水流。”宋人笔记中仍有：“追慕贵妃遗韵，俗尚黄裙不减玄宗。”这样的仿效多出于下层，只因是上层人物的服饰，代表一种身份，一种为人所向往的形象，皆仿而效之。唐代诗人白居易有诗《时世妆》曰：

> 时世妆，时世妆，出自城中传四方。时世流行无远近，腮不施朱面无粉。乌膏注唇唇似泥，双眉画作八字低。妍媸黑白失本态，妆成尽似含悲涕。圆鬟无鬓椎髻样，斜红不晕赭面状……元和妆梳君记取，髻椎面赭非华风。

这样的时尚多是先由上层阶级发端，而后引起下层阶级的模仿，这种模仿似乎完全是对于身份地位的羡慕。[②]

当代社会，个体追逐时尚已经不再是为了向更高的阶级看齐，而是为了突现个性。但是，追赶时尚的人“在总体上代表着个性化的东西，而这个性化的东西其实存在于既定社会圈子的共同特性在量上的强化。他引路，但走的都是相同的路。当他代表着公共品味的最新高度时，他仿佛走在一般进程的前头。但不管怎样，事实上，常常是真实的个体与群体之间的关系也适用

① [美]安妮·霍兰德：《性别与服饰：现代服装的演变》，魏如明等译，东方出版社 2000 年版，第 27 页。
② 杨道圣：《服装美学》，西南师范大学出版社 2003 年版，第 34 页。

于他：领导者实际上就是被领导者。”[①]“对那些天性不够独立但又想使自己变得有点突出不凡、引人注意的个体而言，时尚是真正的运动场。”[②]主体丧失了自己的意志，成为被时尚操纵的个体。时尚永恒变化的吸引力令他永远走在追逐的途中，但是却失去了主体应有的理性判断和审美理想。

除了对个体心理的异化之外，时尚还塑造着身体的形象。在当代时尚文化中，女性的性感被塑造成苗条的身形。1922 年《时尚》杂志写道：“借助于钳形胸衣、身体运动和无淀粉食物，我们是否很快就产生一族似杨柳般苗条的女性？毕竟，苗条和活泼能带来生活乐趣，而体重超常带来不便和厌倦。总之苗条形象万岁。”之后的近百年中，女性一直被要求窈窕婀娜，肥胖成为女性的大敌。“享瘦”已蔚然成风，铺天盖地的减肥广告和随处可见的骨瘦如柴的模特儿，似乎不容人们选择。然而成功减肥却绝非易事，尤其有很多女性对“魔鬼身材”急切渴望，迫使她们过分压抑正常的生理需要。节食是女性们惯用的减肥手段，而过度的节食导致当今社会中厌食症患者的数量与日俱增。并且，过于消瘦的身材又不可避免地削弱了性感的性别特征。除了节食以外，很多妇女为了追求性感的身形而选择医疗整形。不可忽视的是，医疗整形手术中的事故时有发生，且手术效果会在 10 年之后大打折扣，甚至产生意想不到的身体变形。然而很多女性在时尚的推动下，在对性感的追求中，仍然愿意铤而走险，忍受痛苦，去接受那温柔一刀。

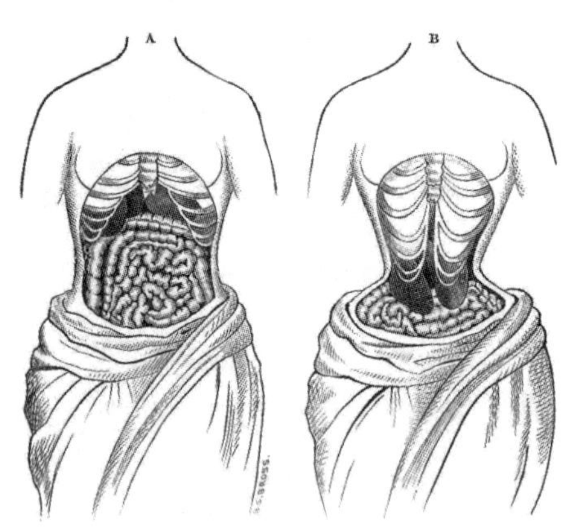

图 2-3-9 紧身胸衣带来的身体变化
（图片来自网络）

对时尚的追求不仅塑造着审美标准和理想，甚至凌驾于个体的健康和生命之上。

① [德] 齐奥尔格·西美尔：《时尚的哲学》，费勇等译，文化艺术出版社 1997 年版，第 79 页。
② 同上书，第 78 页。

甚至，个体在时尚中也失去了自己的身体。因为衣服吸引了人的目光，它们并不呈递出身体本身的美态，而是偏重它们自身的符号价值和富丽堂皇的形象。在那些精致华美的衣服之下，身体常常被忽视，进而处在被遗忘的边缘。“在羊毛和毛皮制成的名贵衣裳的耀眼光芒中，皮肤的存在和实实在在的身体的概念很大程度上已经被遗忘了……外套取代了身体的角色。”[①]

与消费融合一体的时尚文化，在其独有的魅力和运动机制之下，造成了个体的异化。性感本是身体的特征，是身体自然的属性，但在时尚文化中却被重新塑造并赋予不同的意义。权力衣着、男性视角和大众传媒都在其中起到极其重要的作用。

① [英] 乔安妮·恩特维斯特尔：《时髦的身体：时尚、衣着和现代社会理论》，郜元宝等译，广西师范大学出版社 2005 年版，第 107 页。

第三章　性感与时尚的话语权力

只有商业性是时尚的命根子。

——詹尼·范思哲[①]

时尚是身体具体的着衣活动，而且是一个被嵌入各种社会关系中的具体情境活动。性感在时尚化的过程中完成了自身的社会化，也走向了异化。

时尚文化中，知识权力、男性视角都直接制约着性感、塑造着性感。知识权力通过对身体的控制，令身体始终处于“被看”的“自我规诫”之中；男权社会将性感赋予女性的身体，使其成为女性气质的代名词。在性感被时尚化的过程中，传播媒体在其中起着推波助澜的作用，体现了各种权力作用的集合。

第一节　性感与权力

身体是受到高度限制的表达媒介，它受到文化的严密调节，表达社会加给它的压力。而权力亦将自己加于身体之上，限制身体，使其只能以特定的方式活动，使身体成为社会情境的象征。

① 詹尼·范思哲（Gianni Versace，1946—1997），意大利著名时装设计师。范思哲品牌主要服务对象是皇室贵族和明星。范思哲的设计风格非常鲜明，是独特的美感极强的艺术先锋，强调快乐与性感。

在时尚中，性感受到来自话语及知识对自身的建构。然而，社会文明中性的禁忌，又令性感作为性的特殊表达方式被释放。性感作为权力作用于身体的内在特征，反而被身体利用以表现自由，体现着对权力的反抗。

一、权力—知识—主体

对于“权力—知识”体系的分析，福柯的理论很有代表性。他对现代社会权力体系的批判构成了他学术思想的重要组成部分。福柯将权力与话语形成结合起来，在他看来，“一切规则，其自身是空洞、野蛮、无目的的；它们制定出来服务于一定对象，屈从于某些人的意志。历史的伟大游戏，属于占有法则的人，属于占据使用法则的位置的人，属于乔装改扮、歪曲规则、颠倒地运用规则、使它们反过来反对规则制定者的人；这种人，将自己引入复杂的装置中，让它运转起来，最终使统治者为他们自己制定的规则所统治”。① 所以，话语实践和知识都是与权力相伴而形成的，没有纯粹的、“干净”的知识和真理。

福柯用话语取代了文本，揭示了一种比文本大而开放的语言实体，它穿透所有文章、著作、书籍，并使这些文本成为可能。话语是各种力量作用构成的陈述，或形成被说出的东西的条件。而任何话语或陈述都以“语言—存在”为条件，而不是以主体言说为条件的。主体是一个变项，是由陈述本身派生的一种功能。在福柯看来，说什么，怎么说，事物怎么出现都不取决于言说者或作者，而是取决于话语形成的规则或结构。②“这些结构对作者的束缚可能多于作者对它们的构造，并且这些结构在不知不觉中强加给他某些假设、操作模式、语言规则、断言和基本信条的整体、形象的类型或者整个幻觉逻辑。”③

① 杜小真编选：《福柯集》，上海远东出版社 1998 年版，第 155 页。

② 牛宏宝：《西方现代美学》，上海人民出版社 2002 年版，第 704—706 页。

③［法］米歇尔·福柯：《知识考古学》，谢强、马月译，生活·读书·新知三联书店 2003 年版，第 139 页。

继而，福柯提出了话语、知识与权力的关系。福柯的权力概念不只是政治权力，它泛指一种普遍存在的支配话语或陈述形式的能量，它不仅起着压抑作用，也起着创造的功能。权力与话语、知识是共生的，也就是说，没有权力关系便没有知识，没有知识也就没有权力，权力控制知识，知识也给人以权力。“因此，问题不在于确定权力如何征服知识并使它终身侍奉，或是确定权力怎样在知识上打下权力的烙印并把意识形态的内容和限制强加于知识。倘若没有本身就是权力的一种形式，并以它的存在和功能与其它形式的权力相联系的传播、记录、积累和置换系统，那么知识体系便无法形成。相反，如果没有知识的摘要、占用、分配和保留，那么权力也无法发挥作用。”[①]权力与知识相互蕴含。“权力不是知识的障碍，若没有一个沟通、记录、积累和转移系统，任何知识都不可能形成，这系统本身就是一种权力形式，其存在与功能同其他形式的权力紧密相连。反之，任何权力的行驶，都离不开对知识的汲取，占有、分配和保留。从这种层次上看，不存在知识与社会的对立，也不存在科学与国家的对立，而是存在着各种‘权力一知识’的基本形式。”[②]权力通过建立有关精神病学、社会学、心理学、犯罪学等一系列知识完成了对主体的规训与塑造，而知识则通过预设和构成权力维系并发展自身。知识成为权力最有力的工具，且必须通过权力—知识—主体这一运作模式，权力才得以充分实现。

借助于福柯的理论，我们可以得出这样的结论：“时尚—性感”正如“语言—存在”体现着话语的条件。性感是身体的存在样态，是身体言说的内容；而时尚是社会交往的“话语”，是身体言说的语言系统。性感如何被表达，怎样被言说，以什么样的状态出现都受到时尚语言的制约。时尚语言束缚着个体，不知不觉中将自己的规则强加给他。个体在性感的表达和审美中，无

① [英]阿兰·谢里登：《求真意志：福柯的心路历程》，尚志英、许林译，上海人民出版社 1997 年版，第 172 页。

② 转引自刘北成：《福柯思想肖像》，上海人民出版社 2001 年版，第 264 页。

时无刻不遵循着时尚的语言逻辑。而话语体现着权力，时尚话语也是如此。权力将意识形态的内容和形式强加于话语，话语又作用于主体的存在。权力将意识形态通过时尚转化为具体可见的规则，时尚成为权力最有力的工具，通过“权力—时尚—性感”这样的运作模式，使权力在个体身上充分实现。

在《规训与惩戒》一书中，福柯有力地阐述权力如何对身体进行控制。他描述了18世纪以来有关犯罪的新的话语如何导致了管理“罪犯”的新的方式，即新的监禁系统。“一般而言，惩罚越来越有节制。人们不再（或基本上不再）直接触碰身体，而是触碰身体以外的东西。……现在，人的身体是一个工具或媒介。如果人们干预它，监禁它或强使它劳动，那是为了剥夺这个人的自由，因为这种自由被视为她的权利和财产。根据这种刑罚，人的身体是被控制在一个强制、剥夺、义务和限制的体系中。肉体痛苦不再是刑罚的一个构成因素。惩罚从一种制造无法忍受的感觉的技术转变为一种暂时剥夺权利的经济机制。”[①] 监视的机构也发生了变化。监视方式被围绕着“无所不见的眼睛”的现代建筑的空间组织所强化：一个看不见的但又是无所不在的监视者，如同杰里米·边沁在18世纪80年代描述的完美的监狱——“圆形监狱”。这种建筑物的空间结构允许最大限度的监控：暴露在明处的单人牢房环绕一个中心瞭望塔，此塔总是保持黑暗，使得囚犯们搞不清楚他们什么时候被监视和被什么人监视。这种设计造成一种恐惧感，促使囚犯们相信他们一直处于监视之中，不管事实是否如此。

这种监狱结构被福柯用来作为现代社会的一个比喻，他把现代社会看作是“监牢”，因为它就建筑于公共机构性的监视机制之上，举凡学校、医院、兵营，概莫能外；所有这些监视机构的最终目的，就是使身体和行为“规范化”。规训，不同于强制性的对于“血肉之躯”的拷打与所谓肉刑，其作用是通过设立一种要求个体监控他们自己的行为的“处处小心”的身体机制而

① [法] 米歇尔·福柯：《规训与惩罚》，刘北成、杨远婴译，生活·读书·新知三联书店1999年版，第11—12页。

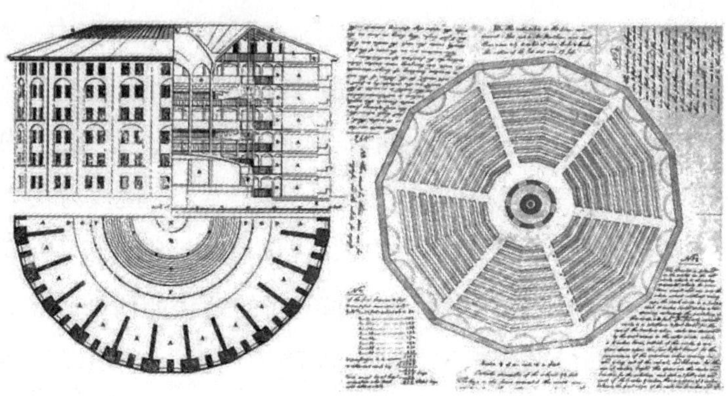

图 3-1-1 后人按照边沁设计的“圆形监狱”绘制的图纸（图片来自网络）

1791 年，杰里米·边沁将“圆形监狱”模型正式撰文出版。在他的设想中，“圆形监狱”由外部的一圈囚禁室和中心的一个瞭望塔构成，分别安置囚犯和监狱长，二者之间有条状的一圈圈通道可供狱卒巡视。监狱长—狱卒—囚犯构成了一种上帝—天使—人的三重关系。

发挥出来。而权力就从这样的社会结构中体现。权力是“力量的关系”，它不是任何个人或任何个体所组成的群体的所有物，而是弥漫于每个地方和每个人的生活当中的一种普遍的力量。

在性感领域，这种权力就体现在主体所设想的“他者”的目光。他者的目光体现着社会的评价标准，性感需要在他者的目光中得到许可与认同。在性感的表达中，个体仿佛时刻感受着他者的目光，希求得到他者的认同。人们装扮自己时都喜欢照镜子，此时，镜中的幻象变成了自己的身体，而自己的目光俨然已被假想为他者审视的目光：看镜子中的自己是确认自己在他者目光中会是怎样的形象，所以看镜子完全是从他者的角度对自己进行判断和审视。而时尚的规则就被抽象为这种目光。个体在展露性感的时候总是要考虑时尚的因素，是否能表现自己的魅力，同时得到他者的认可，并能吸引他者。无论是真实的抑或是假想中的，他者的目光已成为规训个体的无形力量。时尚的规范和期待作用于日常生活中个体的性感表达，正是通过体现着权力的他者的目光。

二、性感与性禁忌

无法否认的是，性感的身体表达是与性的禁忌有关的，社会对性的压制促使性感成为性的特殊表达。因此，社会对性的压抑程度，对性的禁忌程度，都影响着时尚中性感的表达。

福柯在其三卷《性经验史》中详细论证了与性有关的各种观念、状况和问题。福柯指出，性与话语、知识、意志和自我之间有一个发生发展的过程。对性的研究不能够把性和性经验看成是一成不变的东西，不能够把人的欲望和欲望主体置于历史领域之外，而应该很清楚地认识到："性既不是古今一致的，它本身也不是'真实的'。相反，它只是一种参与社会生活的方式；它的规则随着社会文化的变迁而变化。"①

在人类早期，人们对待性和爱的态度是自然的。人们认为性是由人性、欲望、性行为，以及由此产生的快感构成的一个"快感体系"或性统一体，使得男人和女人相互吸引，相互爱慕，相互媾合，"以确保物种得以继续存在"。②因为性对于人类繁衍的重要性，人类自身进化的过程中把生育活动与一种极其强烈的性欲以及和性行为相关的性快感内在地联系在一起，以时时提醒人们注意衍生子孙后代。但是，由于性的刺激极容易拓展人各种各样衍生的欲望，至少是从古典时代开始，性就失去了那种自然协调的功能。对性欲的过度追求往往导致身体的负担，这就向早期的学者们提出一个问题：人作为一个伦理实体应该怎样来进行或"享用"人的性活动，以恰到好处地满足人的性欲和性快感问题。

在福柯看来，最早强调占有性和放纵性欲望的理论，是普罗塔哥拉的"欲望说"。它竭力鼓吹人活着就应该千方百计地满足肉欲、情欲、物欲，享受奢华的生活，追求感性的满足。但是，伴随着人类性欲泛滥带来的社会问题，也令柏拉图、亚里士多德等人提出"禁欲主义"。他们不仅对性快感进行了

①［澳］J. 纳赫：《理解福柯》，刘瑾译，百花文艺出版社 2002 年版，第 158 页。
②［法］米歇尔·福柯：《性经验史》，佘碧平译，上海人民出版社 2002 年版，第 159 页。

道德反思，而且进行了对性本体论的追问和探索。其目的不只是确定一种有关性活动的形式和规则体系，划出各种禁忌的界限并把各种性活动都当作罪恶来禁止，而且旨在阐明“享用”性快感的各种条件和样式，建立一种能够为人们普遍接受的“快感享用”风格。苏格拉底对人们教诲道：“灵魂只有在肉体的需要是迫切的和满足这一需要不会带来危害的条件下，才能享受这些快感。”①柏拉图将节制作为“对某些快感和欲望的秩序和控制”，与智慧、勇气和正义一起列为他的“理想国”，即整个人类必须具备的四种美德，并且认为人类只有具备这四种美德才能真正过上“自由人”的生活。

古希腊这种性意识上的节欲主义的一个严重后果，就是直接导致中世纪宗教神学对于人性的近乎严酷的规范和压抑，以及性意识和性行为上的嬗变。其中，最具实质性的嬗变就是不再把人类的性行为看作是一种自然的，可以给人提供快感的美事，而是看作一种可耻的行为和罪恶。直到文艺复兴时期，这种状况才发生了革命性的变化。人们相信性原本就是人类的一种自然而然的行为及生理活动。它是无罪的、纯洁的和天经地义的。伴随着性及性行为的，只能是义务和责任、自由和解放，以及与自我控制相关联的正义、慎重和美德。特别是医学对性活动的关注，致使西方社会也日渐进入一个“围绕着性隐秘的逐渐泄露而获得有关性的深奥知识的社会”。②

随着现代社会的到来，人的身体、性和审美走出了神学的禁锢，并且对其有过一段短暂而热烈的赞美。但是，身体和性并没有受到哲学和科学的持久关注，因为此刻哲学和科学的基本任务是追求知识和真理，致使身体仍然没有获得激情洋溢的自我解放。相反，由于人类在追求知识和真理的过程中，主要依赖的是心灵的思考、理性的推算，而非盲目的身体和奔放的性欲，所以从笛卡尔的唯理主义一直到黑格尔的绝对精神都仍是将身体和性置之度外。继续在身体和灵魂之上又编造出一个以理性思维为主要特征的主体，使身体和性继续沉沦于人类历史的黑暗之中。

---

①[法]米歇尔·福柯：《性经验史》，佘碧平译，上海人民出版社2002年版，第163页。
② 同上书，第47页。

福柯认为，整个人类历史的组织形式和权力技术都可以通过对性加以规划的过程而展露出来。在对性的压制、禁忌和生产中，各种错综复杂的权力、社会和历史的关系被揭露。权力不断地摧毁和塑造着性，使其从原先的生产力量陷入道不可自制的消费形式。但是，性仍然保持着它的原始活力，“性禁忌下面，显现的鲜活的欲望”。[①] 福柯试图否认西方社会从 17 世纪起一直压抑性表达的看法。他认为性一直是西方文化的焦点。性压制使性成为不登大雅之堂之物，而正是这种压制创造了有关性的各种特殊表达。如果可以毫无顾忌开诚布公地谈论性，那么性的表达也许就不会像现在这样。禁欲的建构力量创立了一些有关性的身份及各种性欲的表达方式，而这些表达在没有禁欲的情况下根本不会发生。

这就是福柯所谓的“权力与自由的持续螺旋”，即权力与自由螺旋上升的状态。性禁忌实际上引发了性话语的泛滥。性禁忌对性有一种实际的激发、诱使和煽动作用，性在一种遭受压制的社会体制中得以存续，压制着性的社会体制正好构成性得以存活和蔓延的一种生存条件和机制。所以，权力并非完全是消极的，自由可以从权力那里汲取养料，而且在现代社会，权力成为自由存在所必不可少的条件。

福柯对于被社会力量制约的性所进行的考察，告诉了我们性是怎样被谈论的，各种社会力量是怎样作用于性的，并且性话语是如何在禁忌中泛滥的。这种压制与自由的关系，正体现了社会中性感对性的表达。拉马赞奥卢提到，其实福柯的理论对于女性主义者具有相当潜在的用处。因为，通过赋予身体以重要性，衣着向女性打开了它的潜能，使得女性可以利用衣着为她们自己的目的服务。[②] 正如孔茨尔的观点所描述的那样：尽管紧身胸衣被一些女性主义者视为一种专门用来规训女性身体的衣装，从而把她们变成驯服的和善

①［法］米歇尔福柯：《权力的眼睛》，严锋译，上海人民出版社 1997 年版，第 44 页。

② Ramazanoglu, C. (ed.): *Up against Foucault: Explorations of some Tensions between Foucault and Feminism*. London: Routledge, 1993, p24.

图 3-1-2 知名网红张大奕名下天猫店铺
（图片来自网络）

在网络上，“张大奕”三个字约等于“中国电商第一网红”，头顶“电商界神话”的光环，脚踩“网红经济”的风口浪尖，手握女装、内衣、美妆、家居四大产业，年成交额超15亿。“网红经济”已经证明了，当代女性已经可以成功地利用自己性感的女性形象，获取相当的经济利益。

于献媚的优雅的奴隶，但这些女性并不是男权社会体制的被动的牺牲品或受虐狂，恰恰相反，她们由此在社会和性上面获得了对于自我的肯定。[①]女性比男性更多地利用了她们的性感以便在社会上能够出人头地。孔茨尔的理论无疑阐明了一点，权力一旦被植入作为性的身体的女性体内，对女性来说，就存在着利用这种权力作为自己晋升的一种潜在的可能性。

性的禁忌一方面压抑着性；一方面又刺激了性话语。性感在性禁忌中表达着性，体现着自由与权力的相辅相成，螺旋上升。并且，权力一旦被植入性感的身体，就成为身体可以加以利用的工具。权力约束着性感，塑造着性感，性感也借权力成为确认自身身份和地位的阶梯。

三、性感与权力衣着

在阶级权力存在的社会里，衣着是体现权力和地位的象征物，权力衣着规范着性感的身体。爱德华·博克斯提到，在君主专制时代的欧洲，“从国王到最卑微的仆役，每个人都想显得气派非凡，都想在这方面压倒别人。而在那个时代，要达到这个目的，只能靠特别奢侈的衣服，靠不断变换的衣服。在任何一个以外表取胜的时代，要强调本人在社会等级阶梯上位置的重要，服装自然是

① Kunzle, D.: *Fashion and Fetishisn: A Social History of theGorset, Tight-lacing and other Forms of Body-Sculpture in the West*. Totowa, NJ: Rowan and Littlefield, 1982, p.86.

第一位的、最佳的手段。所以当时服装是金碧辉煌、珠光宝气的，尤其是礼服、公服和沙龙服装，更是缀满或织满许许多多金绦、金边和金领饰。人们拿宝石作扣子；鞋上的搭襻装饰着宝石扣环，连袜子都缀有宝石。”[①]丹纳也提到在这一时期有关的记载中“可以看到他们奢华的排场，比武，游行，宴会，浮华与时髦的新风气；疯狂的与放荡的幻想造出许多新鲜的玩意儿，烦琐的奇装艳服：袍子长到十四尺，裤子紧贴在皮肤上，波希米亚式的大褂，袖子直拖到地上；靴尖的模样像蝎子的角、爪子或尾巴；短袄上绣着字母、野兽、音符，可以按着背上的乐谱唱歌；披风上镶着金箔和鸟兽的羽毛，袍子上钉着红宝石、蓝宝石、金银线织成的燕子，每只燕子嘴里衔一个金箔；有一套衣服一共有 1200 个金箔；还有一件衣衫用 960 颗珠子绣成一支歌。女人披着华丽的轻纱，上面绣着细小的人像，袒着胸部，头上戴着一顶圆椎形或半月形的帽子，其大无比，穿一件五颜六色的长袍，绣着独角兽、狮子、野蛮人……”[②]繁琐与奢华是阶级社会中权力的象征。

在民主社会中，服饰简单化了，对于服饰制度上和法律上的限制也被取消了，比如大革命之后的 1793 年，法国国民会议规定：“不论男女，任何人不许强迫任何男性或女性以某一种特定的方式着装……每个人都有自由穿适合他或她的、或者他或她喜欢的衣着和装束。”[③]但如果说这样就使得服饰的等级区别完全消失，就把问题看得太简单了。在民主社会中，服装依然是等级区别的重要工具，只是等级社会中，这种区别是以制度、法律等政治手段来实现的；而在民主社会中，则是借助于上层阶级经济上不可比拟的优势达到的。所以，麦克·道威尔依然把它作为一种压迫工具：“服装是一种压迫工具，一种与穷人为敌的武器。它们被用来告诉人们衣着豪华的人不同

① ［德］爱德华·博克斯：《欧洲风化史：风流世纪》，侯焕闳译，辽宁教育出版社 2000 年版，第 157—158 页。

② ［法］丹纳：《艺术哲学》，傅雷译，安徽文艺出版社 1991 年版，第 294 页。

③ ［美］南茜·埃特考夫：《漂亮者生存》，盛海燕等译，中国友谊出版公司 2000 年版，第 276 页。

图 3-1-3 美国电影《律政俏佳人》剧照，2001 年

作为年轻律师的主人公艾丽，因为不合时宜的穿着，在法庭上被人质疑其专业能力。

于其他人，而且由于其财富而胜过其他人。这些人穿在身上的衣服表明他们在智力、道德和社会地位方面的优越性。”①

可以看出，无论是阶级社会还是民主社会，时尚都与权力、优越感纠缠在一起。权力衣着是身份的象征，吸引着个体模仿，并在个体模仿的过程中将自己的规则建构在身体之上。权力衣着要求性感着装是“合乎自然的”，而所谓的“合乎自然”正是权力的体现。

当个体穿上某种服装，希求向某一类时尚靠拢，往往希望自己看起来是“合乎自然的”，仿若这种服装对自己来说是习以为常的。服装所表达的信息，所象征的身份、地位构成了个体的规诫，个体用身体来实现着这种约束，使自己看来很自然。而实际上并不存在什么合乎自然的身体举止，它们都是通过家庭和类似学校这样的文化机构获得的。人们之所以觉得这些获得性的身体特征是合乎自然的，那是因为我们很早就开始学习，渐渐认可接受了，最终习惯成自然了。我们应该知道，身体举止显然能够传达有关我们的社会与阶级地位的信息。这就是为什么，精英阶层和渴望成为精英阶层的人们，送他们适龄的女孩子们去“精修学校”，在那里女孩子被彻底地训练，包括怎样走路，怎样姿态优美地上车下车，怎样在正式的晚宴上保持优雅的吃相，诸如此类。② 所以，女孩子“合乎自然的”得体的举止，是某种举手投足的风格。这时身体已经成为社会身份的载体。

① [美]珍妮弗·克雷克：《时装的面貌：时装的文化研究》，舒允中译，中央编译出版社 2000 年版，第 3 页。

② [英]乔安妮·恩特维斯特尔：《时髦的身体：时尚、衣着和现代社会理论》，郜元宝等译，广西师范大学出版社 2005 年版，第 171 页。

当我们穿衣时，我们是在一种文化的界限之内行事，严格遵循该文化对于身体以及那组建“着衣”的身体的东西的特殊规范和期待。这就是为什么在有些时候，衣着甚至关乎道德。当我们的服装不合时宜的时候，我们就会浑身难受，仿若将因此受到社会的谴责。衣着对身体有着结构性的影响，而社会是身体的强制性因素。自然的身体总是被社会情境所强制，在衣着上就体现为权力衣着。个体要融入社会，得到群体的认可，就要自觉地接受权力衣着的规则，按照这样的规则来装饰自己及自己的行为举止。

在性感的装扮中，权力衣着的作用更加明显，特别体现在女性的穿着上。女性的装扮既要性感，又要高贵；既要有吸引力，又不能太色情；既要充满诱惑，又不能流于低俗。这彰显了文化对女性个人外表的支配性的观念和期待中所深藏的悖论——端庄悖论，女性被建构为诱惑，甚至因此而受到惩罚。[①]这便是男性社会权力塑造的结果。

第二节　性感与性别

两性之间的经验、喜好和实践通常被认为是由其生物性因素所决定的，与它们所属的“一望而知”的性别特征相吻合。但实际上，性别同性感一样，也是文化的产物。安・奥克利在《性、性别与社会》中对性和性别作了如下界定：“‘性’是指称男女之间的生理差异时所用的一个词：肉眼可见的生殖器差异，相关的生殖功能上的差异。而‘性别’则与文化有关：它指那种将‘男性’和‘女性’区别开来的社会分类法。”[②]

有一句时尚名言：女人照镜子看姿色，男人照镜子看气色。“镜子”是“他者”目光最典型的代表，从这句话中，我们可以体会到社会对男女性别差异的看法。所谓“男子汉气概”和“女性气质”，都是文化的产物。在男权社会中，女性成了性感的代名词。

---

① [英] 阿雷恩・鲍尔德温等著：《文化研究导论》，陶东风等译，高等教育出版社2004年版，第301页。

② Oakley, A.: *Sex, Gender and Society*. Londen: Temple Simth. 1976, p.16.

一、性别：自然差异与社会区分

人类的性别有且只有两种，即男性和女性。性别以拥有阴茎或阴道作为判断的标准，这是个体被自然赋予的唯一的类属。这种自然的类属是终生的，即使死亡也无法将其改变。男性或女性特有的形体禀赋中，先天地具有人类无法逃脱的限制。“两性不同的形体禀赋分别发展成为某些生活功能，如女性的生殖功能和男性的射精机制；也会带来某些局限，使我们只能从事某些活动，达到某些效果。这可以说是性别的生物学上的差异。”[①] 但实际上，许多两性之间的重要差异，可能并不是普遍性的，而是文化和社会的原因造成的。

福柯指出，“社会集团、身份和立场——比如阶级、性别、种族和性征——并不是先在的，也不能以某种方式决定自己和他者的文化意义。它们是在话语内部被生产出来的，话语决定它们是什么和怎样运作”。[②] 虽然性是不可更改的，但是性别却有伸缩变化的空间。性别的意义可以因文化、家庭、伙伴群体不同而不同，甚至同一个人在不同的生命时期也会发生变化。性别具有灵活性和伸缩性，起源于社会、文化和家庭对两性的不同期望。

通常情况下，性别是出生之后即刻被认定的。但是现在，一个人可能在出生之前就被确定了性别，甚至连带有性别标志的名字可能在出生之前就已经起好了。在孩子诞生的数小时之内，父母便已经对他们有了性别角色的预期。在一项研究中，父母被要求描述他们刚刚出生 24 小时的婴儿。结果表明，即使这些新生儿的身长、重量和活跃程度相同，男孩和女孩的父母对这些孩子的描述也表现出了性别差异。男孩的父母很可能把他们的新生儿描述的偏高偏大，注意力集中；女孩父母的描述则偏于柔弱，比如柔软、小巧、美丽、精致、漫不经心。研究还表明，父母购买与孩子性别相宜的玩具，并鼓励他

---

①［美］波利·杨－艾森卓：《性别与欲望：不受诅咒的潘多拉》，杨广学译，中国社会科学出版社 2003 年版，第 37 页。

②［英］阿雷恩·鲍尔德温等著：《文化研究导论》，陶东风等译，高等教育出版社，2004 年版，第 31 页。

们的孩子玩那些与其性别相应的玩具。[①]这种行为表现出父母对孩子性别角色的预期。劳伦斯·柯尔伯格认为，“儿童习得性别角色方式和习得其他概念相同。一旦儿童已经习得如何将世界分为男性和女性，他们就会积极将自己的世界建构成为男性和女性两部分，并且根据其性别的要求来生活。”[②]

个体从出生起就生活在一个不断展开的关于两性差异的话语之中，这种话语形成并规定了个体的角色认同、个人行为、自我观念以及性满足的种种范围和可能性。从新生儿降生之日起，其父母在确定其性别之后，便宣布他/她应该是属于哪一个集团的成员。性别话语的意义体系告诉个体两个集团分别意味着什么，两种角色应该怎样扮演，为什么必须这样扮演。性别不仅区别了人群，也造成了心灵的两性划分：一方称为“自我”；另一方就是自我的对立面。个体通过这种性别话语生成了具有强烈情绪色彩的男性和女性意象。人类所创造的种种幻想、生活故事、浪漫爱情、矛盾对立可能都以男性和女性之间的差异为基础。比如在童话中，女性往往是陷入麻烦和灾难的角色，而男性往往是英雄式的人物，是女性的解救者。个体通过认同自身的性别，形成与之相对的无意识异性情结。异性情结成为个体生活的对立面，是个体与他人进行比较的地方。然后异性情结又反作用于个体，使其从差异出发，更突出自身的性别特征。所以，个体对异性的期望对自身也产生巨大影响。个体期望异性按照某种角色或模式生活，同时自身的思想和行为也受到这种模式的制约。社会化的两性观念强烈地规范着两性之间直接的人际关系。性别的范畴甚至限制了我们对他人的认知：如果不知道对方的性别，我们就觉得无法跟他/她打交道；如果无法一眼即知对方的性别，我们就会产生焦虑。

---

① [美] 波利·杨-艾森卓：《性别与欲望：不受诅咒的潘多拉》，杨广学译，中国社会科学出版社 2003 年版，第 76—77 页。

② [美] 劳伦斯·柯尔伯格：《儿童性别角色概念和态度的认知发展分析》，转引自波利·杨-艾森卓：《性别与欲望：不受诅咒的潘多拉》，杨广学译，中国社会科学出版社 2003 年版，第 39 页。

图 3-2-1 Julia Vins，俄罗斯的健身爱好者（图片来自其个人社交网站）

拥有发达肌肉的茱莉亚·文斯被网友称为“金刚芭比”，并戏称其拥有“天使的面孔，魔鬼的身材”。对很多人来说，这样的身材确实与大众眼中的女性气质相违背。

性别是文化所形成的社会角色、自我认同和分类范畴，性别差异是社会将不同的任务和可能性指派给男性和女性的结果。但文化又将这种性别差异引申强化，使其被认为是自然的差异。打个比方，很多文化类型中，女性照顾婴儿的习性与母乳喂养婴儿的生物能力就被联系在一起，善于照料别人被看作是女性的自然本性之一。然而在其他一些文化中便存在反例，“在印度尼西亚一个民族中，男性被看作是两性中较为软弱的一半，因此大家一致期望男人们比女人们更善于照料家务、关心他人”。① 由此可见，文化将自身赋予性别的社会性差异深化为两性的本性差异，并谴责试图跨域性别差异的行为。

女子健美比赛便是这样的例子。20 世纪 70 年代女子健美操比赛才出现，虽然它的历史不长，却备受争议。一本健美女性写真集的作者这样写道：“每页上的人物形象都和他们所描述的女性一样强有力，很多人甚至发现二者都很有威胁性。这并不奇怪，女性的肌肉的联系发展到这个程度是史无前例的。这些形象与我们所熟知的任何女性气质的概念都格格不入。这是经过重新塑造与重新思考的女性形象。男性肌肉发达，这点很容易让人接受。不需要任何新的概念或范畴来帮忙。……但女子肌肉发达却是另一件事；它

① Sandany, P. R.: *Female Power and Male Dominance: On the Origins of Sexual Inequality*, Cambridge, England: Cambridge University Press, 1981. 转引自波利·杨－艾森卓：《性别与欲望：不受诅咒的潘多拉》，杨广学译，中国社会科学出版社 2003 年版，第 81 页。

不符合多数人的思维方式。肌肉强健的女性与我们的现实感格格不入，甚至是对它的一种攻击。”[①] 女子健美似乎占据了一种明显的逾越性别的位置，公然向传统的女性性别话语提出了挑战。它受到的争议，就在于它公然地打破了日常生活中对男性和女性之间差异的判断。文化赋予两性超越生理的社会性差异，并将其定义为男性气质与女性气质。

二、男性气质与女性气质

性别被认为是一种对两性之间基于解剖学所形成的差异的文化覆盖物。性指的是男性和女性之间的生物学差异，而性别指的是文化上形成的特殊的思维方式、行为方式和感觉方式。因此，男性气质和女性气质是性别术语，指某一社会中认为得体的、男性或女性特有的思维、行为和感觉方式。

在荣格的学说里，明确地提到了“男性原型”和“女性原型”两个概念，分别指称男性气质和女性气质。需要注意的是，在他的理论中，原型“这一术语不是用于表示一个遗传的观念，而是表示一个遗传的心理功能；它类似于这样一种先天性的方式，就像小鸡会孵出蛋壳，鸟儿会做巢，黄蜂会蜇刺毛毛虫的运动神经节，鳗鱼群会从很远的海域游回到百慕大群岛附近。原型的这一侧面，即纯生物学侧面，是科学心理学的正当研究课题”[②]。所以，荣格所说的“原型”具有生理天性的内涵。荣格将男性原型描绘成一种逻辑原理、理性、文化、独立自主性，正如英雄神话和自我理论所努力象征的那样。男性代表了活动、权威、光明。相比之下，女性原型被描绘为爱欲、接纳、自然、关系，正如女神类型学说表现的那样，女性象征着被动、自然和黑暗。

荣格说：“我把女人的投射形成因素叫做阿尼姆斯，它的辞源意义是心

① Dobbins, B.: *The Woman: Photographs of the Top Female Bodybuilders*, foreword by A. Schwarzenegger, New York: Artisan,1994. 转引自阿雷恩·鲍尔德温等：《文化研究导论》，陶东风等译，高等教育出版社 2004 年版，第 317 页。

②［瑞士］荣格：《荣格作品》第 18 卷，第 518 页。转引自波利·杨－艾森卓：《性别与欲望：不受诅咒的潘多拉》，杨广学译，中国社会科学出版社 2003 年版，第 16 页。

灵或精神。阿尼姆斯对应着男性的罗格斯（理性）；而阿尼玛对应着女性的厄洛斯（爱欲）……在女性身上……爱欲是她们真实本性的表现，而她们的理性不过是让她们感到遗憾的意外事件。爱欲使得女人们在家庭圈子里以及朋友间造成各种误会和不可理喻的口舌之辩。这是因为它的构成内容不是反思，而是意念；所谓意念就是以绝对真理面目出现的、无法证实的先验的假设……无论一位女性的爱欲是多么彬彬有礼、乐善好施，只要她受着阿尼姆斯的控制，地球上的任何一种逻辑都不能使她改变信念。通常男人会感到要说服女人简直毫无办法，除非用诱惑、痛打或强奸也许能够奏效；他的这种感觉并非完全是错误的。”①

男人体以阳刚之美取胜，给人以强烈的力感量感和动感。……

站起像一座挺拔的高山，躺下像一条宽阔的大河，奔走像一串滚动的惊雷。……

呵，男子汉！“你尽可以把他消灭掉，可就是打不败他！”（海明威：《老人与海》

女人体以阴柔之美见长，给人以优雅的柔软感弹性感和宁静感。……

站起像一个亭亭玉立的花瓶，躺下像一泓微波起伏的梦湖，行动像一缕轻舒漫卷的烟霞……

呵，艺术的女人！“用一转的秋波，你能从诗人的琴弦上夺去一切诗歌的财富。你能使世界上最骄傲的头在你脚下俯伏。”（泰戈尔：《园丁集》）②

---

① ［瑞士］荣格：《荣格作品》第9卷：《阿尼玛和阿尼姆斯》，第15页。转引自波利·杨－艾森卓：《性别与欲望：不受诅咒的潘多拉》，中国社会科学出版社2003年版，第59页。

② 翟墨：《当代人体艺术探索》，转引自陈醉编：《人体美与性文化》，中国文联出版公司，第56页。

但实际上，荣格的“男性气质”和“女性气质”概念依然是依据文化习俗做出的分类，它们本身并不是原型。沙弗尔对此写道：“从逻辑上来说，对于什么是男性气质、什么是女性气质、什么是主动性、什么是被动性这类问题，根本就没有有意义的所谓的‘正确答案’。并不存在有待于发现和组合的、先于知觉的事实；只有问题的提法已经包含着的一定格式的字词用法，以及若干松散的约定俗成的组合习惯而已。”①但是荣格的理论正代表了精神分析理论家的男性中心主义思想。他们把男性作为心理健康和能力发展的标准尺度，因此他们的理论大都用缺失性概念来描绘女性：女性缺少阳刚、力量、客观性、智慧、道德勇气、文化竞争力。并且，试图为性别的差异寻找生物学、生理学上的证据。

在中国传统文化中也有类似男性气质和女性气质的话语，突出地表现在“阴”“阳”的概念上。《易经》虽然没有明确提出“阴阳”范畴，但是最早有意识地提出阴阳观念。《庄子·天下篇》一言以蔽之：“《易》以道阴阳。”《易经》体系由 64 卦 384 爻构成。除乾坤二卦外每一卦构架的基础是“—”与“- -”两个符号，即阳爻和阴爻。相传伏羲画八卦，“—”与“- -”可能就是表示男女两性的区别。有学者指出，这两个符号是《周易》，也是中国传统文化中最原初、最单一的“性别”等级符号。②

在《周易》的思想体系中，乾为天，为阳，为刚；坤为阴，为柔。《说卦传》中还指出：“乾，天也，故称乎父。坤，地也，故称乎母。”可以看出，“《周易》认为天地万物是由于阴阳的相互作用而生成变化的，而且阴阳各有其不同的性质特点。《周易》把阴与女性相联系，阳与男性相联系，认为阳具有刚的性质，

① [美] 波利·杨 – 艾森卓：《性别与欲望像》，杨广学译，中国社会科学出版社 2003 年版，第 41 页。

② 谢玉娥：《“性别”寻根：中国经典性别话语考察（一）》，载《中国女性主义》，广西师范大学出版社 2005 年版，第 35 页。

趋向于动；阴具有柔的性质，趋向于静”。[①]阳与阴分别具有“阳刚之美”和“阴柔之美”这样的观念，这也成为中国传统文化中具有性别差异的特征之美。时至今日，在中国的文化观念中，阳刚与阴柔仍然是典型的男性气质与女性气质的主要特征。

值得注意的是，《周易》在强调阴阳和合互补的同时也突出了对阴阳等级秩序的强调。

> 立天之道曰阴与阳，立地之道曰柔与刚。（《说卦》）
>
> 天尊地卑，乾坤定矣；卑高以陈，贵贱位矣；动静有常，刚柔断矣。（《系辞上传》）
>
> 坤至柔而动也刚，至静而德方……坤道其顺乎，承天而时行……阴虽有美，含之以从王事，弗敢成也。地道也，妻道也，臣道也。（《坤卦·文言》）
>
> 女正位乎内，男正位乎外。男女正，天地之大义也。（《彖传·家人》）

根据天人合一的思维模式，自然界作为大宇宙，与人类社会的“小宇宙”是互相呼应的。自然界的高下秩序推广到社会中，也就出现了男女之间的尊卑秩序。即以自然界的理想、和谐、有序证明人类社会等级秩序的合理性。男女的刚柔、动静、强弱、外内决定了双方各自的尊卑、高下、贵贱、主从的社会人事权力关系。这明显倡导的是“扶阳抑阴”“阳尊阴卑”观念，也是男权主义的典型思想。

男权主义在意识形态中的表现，显得广泛而又绝对，所谓的性别差异就是它证明自己的论据。因此，一般大众往往认同男性与女性的差异，男性比女性优越，男性的权力应该超越女性，女性必须受控制。一部分艺术家对这

① 李泽厚、刘纲纪：《中国美学史：先秦两汉编》，安徽文艺出版社 1999 年版，第 293 页。

类说法的认同程度甚至胜过其他人，所以这些想法出现在很多的艺术作品中。这些作品中呈现出的女性形象正代表着一般社会大众所持有的性别差异的想法。同时，这类艺术作品又反过来强化了这种根深蒂固的想法。当我们分析一些视觉图像时，就可以清晰地发现女性处于某种与权力有关的情境中，一种缺乏权力的状态中。

1785年，法国新古典主义画家大卫创作了一幅作品《贺拉斯兄弟之誓》，内容是贺拉斯家族的三个兄弟在家中的女性和孩童面前，对着父亲在他们面前举起的剑，宣誓效忠罗马。在这幅作品中，性别差异具有空前的明确性，这种明确性来自于画中截然对立的男强女弱的姿态，这正是那个时期的男权主义意识形态的体现。这幅作品的表达异常清晰，全赖于作者将两性之间对比的普遍观念成功的图像化，使得观众可以立刻领会。男性的精力、警觉性和聚精会神，相对于女性的自弃、柔弱和散漫。这种概念甚至表现在这幅画的结构和处理手法的每一点细节上，也刻画在画中人的姿态和身体结构上。更明显的是，男性都被安排在整个建筑布局最醒目的位置上，并且伸展身躯，仿佛要将整个画面填满，女性却挤坐在一个角落里。“强与弱被视为性别差异的天生结果，然而在类似大卫的《贺拉斯兄弟之誓》这种作品中，倒不如说，性别差异的呈现方式——男性对女性——才是这幅作品中强与弱表现得截然对立的主要原因。在《贺拉斯兄弟之誓》中，女性的被动——以及她屈服于个人情绪的倾向——似乎早已预存在这位艺术家的心中，这个观念成了一种随手可用的视觉语言的元素，因而成为这幅明白可解的宣誓画面上的主要意向。”①

这类形象假设不仅呈现在视觉结构上，也出现在图像作品的主题上。在其中，男权主义意识形态以暗示的方式流露出来。这种暗示的方式并非想象，亦不是普通可以呈现的方式，但其往往和艺术作品直接明说的方式一样重要。

---

①［美］琳达·诺克林：《女性，艺术与权力》，游惠贞译，广西师范大学出版社2005年版，第9页。

图 3-2-2 [法] 路易斯·大卫：《贺拉斯兄弟之誓》，1785 年

当女性的形象出现在作品中，常被认为是正常的状态，被认为是不言自明的，其中性别话语的内容在观众看来是普通到可以隐而不现的，对于创作者来说也是视而不见的。“女性被界定为具有理家和养育的功能，被认定为属于自然的领域；她是艺术创作的对象，而非创作者；她若试图通过工作或以政治抗争的方式，跃跃欲试地把自己插入历史的领域，便是自取其辱——所有这些观点都建立在一个更普遍、更具渗透力的性别差异的前提之上。这些观念虽然并非权威受到争议，但在某种程度内，仍存在于我们这个时代很多人的心中，因而也构成了一种潜文本（subtext），隐匿在几乎所有女性的个别形象之下。”①

这种关于女性形象的“潜文本”已经深深存在于意识形态之中。意识形态的重要功能之一，就是在特定的历史时刻，为社会里取得的整体权力关系

① [美] 琳达·诺克林：《女性，艺术与权力》，游惠贞译，广西师范大学出版社 2005 年版，第 6—7 页。

作掩护，让这些关系看起来似乎是事物自然而永恒的秩序。抽象的权力虽然是看不见的，但是在那些不自觉地向它投降或操纵它的人的共同合作之下，正在不停地前进。男性气质与女性气质的差异，不再是简单的自然的差别，已经固化为意识形态的一部分。在男权社会中，呈现出“霸权式男性气质”和“被强调的女性气质”① 的差异。

三、女性与性感

尽管两性之间的角色和个人认同在不同文化和社会之间存在很大的差异，但至少这样的一个性别差异似乎是被当今绝大多数社会形态普遍认同的：男人的权力总是比女人的权力大。男性形象总是含有权力、财富和统治等意味，而女性的形象则显示着顺从、被动和唾手可得。著名女权主义理论家西蒙娜·波伏娃有句名言：“女人不是天生的，而是变成的。”② 在男权制社会中，女人永远是“第二性”。于是，女性与她的身体被等同起来，性感成为了女性的代表特征。

安德烈·凯尔泰什有一幅知名的照片，摄于 1939 年的《芭蕾舞演员，洛克菲勒中心屋顶花园》（*Ballet Dancer, Roof Garden of Rockefeller Center*）。图像由穿着芭蕾舞裙的女性的一条腿和绷直的脚构成。这突出的腿的形象带给我们一个难以忘怀的性权力关系的代表符号。女性的腿不可避免地让人联想到这个看不见的模特儿流露的性吸引力，而此画面呈现的则是男性眼光下的一件被动的物件。如果以类似方式呈现一双男性的腿，含义便完全不同了，这双腿可能是中世纪画稿中升天基督的腿，或者是现代方格漫画中一个复仇英雄的腿。如果这双腿属于男性，它们一定承载着象征精力和

---

① Connell, R. W. : *Gender and Power: Society, the Person and Sexual Politics*, Cambridge: Polity,1987. 转引自阿雷恩·鲍尔德温等著：《文化研究导论》，陶东风等译，北京：高等教育出版社 2004 年版，第 301 页。注释中 Polity 是出版社的名字。

②［法］西蒙娜·德·波伏娃：《女人是什么》，王友琴等译，中国文联出版社 1988 年版，第 24 页。

权力的功能。[1]

图 3-2-3 ［匈牙利］安德烈·凯尔泰什：《芭蕾舞演员，洛克菲勒中心屋顶花园》，摄影作品，1939 年

要挖掘这种世界范围内对女性形象扭曲异化的原因，必须追溯历史。“最初的阶级压迫是同男性对女性的奴役同时发生的。”[2] 历史上，东西方女性都曾是男性奴役的对象。在西方，基督教文化对女性有两个极大的负面评价：第一是将女性视为万恶之源。从《圣经》的《创世纪》中看，人类最初的堕落是因为夏娃偷吃禁果所致，她是人类被逐出伊甸园的罪魁祸首。对女性的第二个负面评价是：女人是男人的附庸，她存在的理由是给男人作伴，上帝创造女人仅仅因为那个男人“独居不好”。[3]

西方历史上许多著名的哲学家、思想家都曾有过贬低女性的言辞。在古代中国，妇女的地位同样十分低下。对女性的传统贬仰是通过话语方式（如女人祸水说，淫乱败国说等）和规范（禁忌、礼仪），乃至人身变形（束胸裹脚等），使女人不由自主地被纳入男权社会秩序（人伦）中，男权社会以“家”为核心对女性进行统治和监控。这些话语已经屡见不鲜，正如《礼记》中所说“妇人，从人者也，幼从父兄，嫁从夫，夫死从子”；“夫者妻之天”；“男子居外，女子居内，深宫固门，阍寺守之，男不入，女不出，男不言内，女不言外，内言不出，外言不入。”中国传统礼教是由家庭秩序衍生而出的，

① ［美］琳达·诺克林：《女性，艺术与权力》，游惠贞译，广西师范大学出版社 2005 年版，第 21—22 页。

② ［德］恩格斯：《家庭、私有制和国家的起源》，《马克思恩格斯选集》第 4 卷，人民出版社，第 61 页。

③ 李银河：《女性权力的崛起》，中国社会科学出版社 1997 年版，第 66 页。

而其中对女性行为的约束远远甚于男性。

由此可见，中西方文化对女性的歧视都可谓源远流长。那么，作为一种深植于文化根部的集体无意识，男权观念在世界范围内广为传扬就不奇怪了。现代社会，尽管东西方很多国家在社会制度上都给予了女性最大程度的尊重，在文化制度中也恢复了女性社会主体的资格，但作为一种深层的社会观念和文化心理，男权意识仍然积淀在社会文化心理深处，不仅制约着女性的主体行为，也制约着社会对女性的角色期待和价值评价。许多现代社会理论依然根据女性在生殖过程中所扮演的角色，倾向于将女性看作是与“动物”或自然世界更接近的一种性别。许多世纪以来，女人一直与“变化无常的”时尚、虚荣的炫耀和不加节制的自恋联系在一起，甚至是色情艺术的对象。

“色情艺术”（erotic art）其含义被视为“为男人而作的色情作品”。在 19 世纪的色情艺术作品中，甚至找不出一件没有出现女性形象的作品。而在更早的时代，也仅有少数例外。色情意象是为男性的需求和欲望而创造的，观赏者都被设定为男性。库尔贝那幅恶名昭彰的《睡》，正是男性视角下色情作品的典范。画中两个沉溺于肉欲的裸女紧依在彼此的怀抱中，整个景象令人深感震撼。

众所周知，19 世纪并没有以女人的情色需求、愿望或幻想为基础的艺术。情色客体大都是乳房和臀部，鞋子或紧身衣，摆出的姿势或自然的状态，引起性愉悦或性冲动的意向都和女人相关，并且是在男性话语之下，由男人为了男人的享乐而创作出来。男人不仅是所有色情话语的主体，也是所有色情产品的消费者，而顾客的身份使得男性掌握着绝对的话语权。通过对性与艺术的控制，男性及其幻想也制约了情色世界的想象力。色情直接指向女性性感的身体，性感也是被男性建构的。正如约翰·伯格（John Berger）曾狡黠地指出，传统的裸体女人很难把自己的性感当成自己的。他说：“对欧洲而言，拥有权最重要，这幅画的性感不在于画上呈现了什么，而在于拥有者和观者（现在说的是我）有权看她一丝不挂。她的一丝不挂并非她性感的方式，

图 3-2-4 [法] 居斯塔夫·库尔贝：《睡》，油画，1866 年

而是那些有办法看到这幅画的人感受其性感的方式。”[1] 由此我们可以补充道，西方艺术中裸体女人的性感含有被动的意味，这不仅是“拥有者—观看者”的态度造成的，也和“艺术家—创造者”本身的心态有关。艺术家成为主宰性感的创造者，男人——艺术家——从静态的事物中为自己创造了一个理想的色情物，依他的欲望将女人剪裁成性感的模式。

在社会生活中，性感已经成为“女性气质”的主要内容。而在表明性别，制造“女性气质”的各种方式中，服装是最直接有效的一种方式。当今很多场合和情境都要求男女必须拥有各自特定款式的服装，比如宴会上要求男士穿西装，而女士穿着性感的晚礼服。用服装的不同代表性别的差异，这一点在公共卫生间的标志牌上表现得十分明显。标志牌几乎千篇一律地展示着男人穿着裤子，女人则穿着裙子。衣服将人的注意力引向了着装人的性别，正如伍德豪斯所说：“我们期待着男人穿得‘看上去像’个男人，女人穿得‘看

① [美] 琳达·诺克林：《女性，艺术与权力》，游惠贞译，广西师范大学出版社 2005 年版，第 176—177 页。

上去像’个女人。”[①] 但无论是被精心修饰后的女性身体，还是赤裸的、未经修饰的身体，都被认为是性感的。因为“这样朴实无华地着装后，不管看上去多么庄重，也不能完全抹去女人身体潜在的性感。即使当她们严密地遮住自己，将赤裸的形体掩饰起来时，衣服也能提高人们对身体的注意，使他们对看不见的肉体饥渴万分。”[②]

爱德华·博克斯引用了托尔斯泰在《克莱采奏鸣曲》中的一段话，表达了他眼中女性与性感的联系。托尔斯泰说：“做母亲的，特别是受到自己丈夫启发的母亲，都知道这一点，而且非常了解。然而她们装出一副相信男人都是洁身自好的模样，实际上却按完全不同的方法行事。她们知道怎样才能为自己和自己的女儿引诱男人上钩。因为我们男子并不知道，而且是由于不想知道所以才不知道，但妇女却非常明白，最崇高的爱情，或者像我们所说的诗情画意的爱情并不决定于道德的高尚，而决定于肌肤之亲，还有发型、色彩和衣服的剪裁。你不妨去问一个俘获男人的老练的卖弄风情的妇女，她宁愿冒哪一种风险：是愿意当着她打算奉承的男子的面被人揭穿她撒谎、凶悍甚至淫荡呢，还是愿意穿着一身缝工粗糙、样式难看的衣服出现在这个男子面前呢？每一个妇女都情愿冒第一种风险。她明白，我们这些人满口崇高的感情，而说的全是谎话——他实际上要的是肉体，所以她可以宽恕种种卑鄙言行，但绝不容忍服饰上丑陋、蹩脚的情趣……不过，请你看看那些最不幸、最受人鄙视的妇女，和那些高贵的上流社会的贵夫人：她们穿同样的衣裳，喜欢同样的样式；用统一的香精；她们都一样地袒露出手臂、肩头和胸部，一样紧紧地裹住高耸的臀部；她们都统一偏爱宝石和闪闪发光的昂贵物品，同样地喜欢寻欢作乐、舞蹈、音乐和歌曲。前者千方百计地勾引男人，后者也一样，没有丝毫差别。如果要严格地将她们加以区别，那就应当说，

---

① Woodhouse, A.: *Fantastic Woman: Sex, Gender and Transvestism*. London: Macmillan, 1989, p.47.

②［英］乔安妮·恩特维斯特尔：《时髦的身体：时尚、衣着和现代社会理论》，郜元宝等译，广西师范大学出版社 2005 年版，第 189 页。

短期的娼妓通常是遭人鄙视的，而长期的娼妓通常受人尊敬。”[①] 可以看出，在托尔斯泰眼中，性感成为女性的典型代表，成为了女性获得男性目光的手段，并且是值得赞赏和鼓励的。

生活在被强大男权话语笼罩下的现代女性，依然很难抗拒这种无处不在的力量。一个女孩从幼年时期就被教育要“像个女孩”，童话书、卡通片、儿童读物都对女孩灌输以要听话、安静、顺从等观念。倘若一个女孩生性无所顾忌、大胆泼辣，就会被定性为“假小子”，社会与家长将尽一切努力将她拉回“女孩”队伍之中。这种牢牢植根于社会文化体系中的性别文化差异已被发展中的儿童内化为自身的一部分，成为“刻板成见”。美国学者沃尔特·李普曼较早提出“刻板成见”（steorotype，也译固定成见），他认为，“所有影响中最微妙和最有普遍意义的是创造和保持固定的成见的储存物。在我们观察世界以前，已有人告诉我们世界是什么样的了。对于大多数事物，我们是先想象它们，然后经历它们的。如果不是教育使得我们已敏锐地意识到这一点的话，那么这些先入之见会深深地支配整个知觉过程”。[②] 在这种话语环境之中长大的女孩，将会在内心深处的认知结构中自觉认同男权话语为她设定的女性角色。她唯一的主体性就在于把这一角色扮演得更好，而不是发现她与角色之间的距离。在男权话语中，性感也如同其他的“女性气质”一样，被内化为女性的“集体无意识”。

女性无意识地对性感的追求愈演愈烈，甚至用性感戒律来约束、规范自己。如果说紧身胸衣最初出现时是男女皆穿的服装，还无法代表完全意义上的男性权力的话，那么中国传统文化中的缠足，可谓是男权话语的极端证明。传说缠足始于李后主时期。身材美丽、能歌善舞的窅娘将她的脚用洁白的布一层层缠绕起来，缠得脚尖如同月牙，并以小脚在为其特制的莲花上舞蹈，

①［德］爱德华·博克斯：《欧洲风化史：资产阶级时代》，赵永穆、许宏治译，辽宁教育出版社 2000 年版，第 185—186 页。

②［美］沃尔特·李普曼：《舆论学》，林珊译，华夏出版社 1989 年版，第 57 页。

显得异常婀娜妩媚，于是深受李后主的宠爱。从此，宫中的女人们纷纷效仿，于是缠足之风盛起，风行全国。大约从宋代开始，女人的尖尖小脚，就成为当时以至后世几百年中判断女性美丽与否的首要条件。这种对性感的模仿，是以身体的毁形为代价的，对女性带来的痛苦可想而知。但在男权话语下，女性已经自觉地将加诸在其身体上的权力内化为自身的追求。至今这种话语仍然存在并不断告诫女性：一定要千方百计让自己性感漂亮，只有这样才会得到吸引异性的魅力。当然这种权力话语已经不需要规诫和禁忌作为手段了，而是通过偶像的作用来实现。

芭比娃娃可以说是男权话语中理想的女性形象，这位芭比·蜜丽森·罗勃斯女士是工业文明下男性的完美想象物。如果还原为真人的话，芭比身高168cm，体重50kg，三围分别是99cm、45cm、83cm。丰乳、肥臀、纤腿，小腹微凸，步伐轻快，时尚、优雅、自信、平和，并令人惊喜地娇柔。自1959年问世以来，这位现代女性有过80种职业，当过大学毕业生，做过女强人；1992年参加总统候选人；2000年参加奥运会。此外，她还有45个国籍，拥有超过43种宠物，超过10亿双鞋，她的衣柜每年增加100多件新装。在芭比出现的49年中，她的形象受到了广大女性的推崇和模仿，于是，男性话语也这样植入了女性的头脑。应该像芭比那样性感、时尚、完美，成了广大女性的目标。1997年，芭比的制造商美泰公司把芭比的腰围放大，原因在于女权主义者的抱怨：芭比的身材畸形，胸过大，腰过于纤细，比正常女人的脂肪要少17%—22%，这样的脂肪含量会使现实中的女性丧

图3-2-5 Barbie，2014年假日芭比Holiday Doll收藏款。（图片来自网络）

失生育功能。但是，正是这种令男性迷恋的身材，导致无数女性效仿者坚持减肥，并因此患上厌食症。

男权主义对女性性感外貌的重视，导致成千上万的女性为了外表的吸引力而牺牲了身体的健康和自我。也正是通过这种方式，男性话语塑造了女性的性感典范，规定了女性性感的规则，构建了女性对自身的认识，内化了女性对性感的追求。

第三节　性感与传媒

权力话语和性别话语告诉我们人是什么，人应该变成什么样子。这种话语就像空气一样，每天都包围着我们每一个人。话语是无法逃避的，但是个体却可以通过自身理性的思考，清醒地意识到这些话语是怎样地影响着我们的整个社会。

传播媒体就是权力书写的主要方式之一，也是时尚影响大众的主要渠道之一。现代社会是信息社会，信息通过传播媒体渗透于人们生活的各个方面，媒介成为人们了解外部世界的主要工具。从某种意义上，媒介已经构成了人们的“视界”。在众多的媒介中，与性感时尚关系最为密切的是时尚杂志和时尚广告，二者用叙事与符号表现和制造着性感与时尚。

一、时尚与传媒共舞

现代社会中，个体极容易受到传媒的左右。美国社会学家大卫·理斯曼认为，在人类发展历史上，贯穿着三种不同的社会性格类型：传统导向、内在导向，以及他人导向。社会性格最终体现为一定的生活方式，在工作、娱乐、政治生活和子女教育等活动中都会有所表现。不同的社会发展时期，这三种社会性格所占的地位不同。

在近代工业化以前，传统导向性格占主流地位。这个时期，每个人都从属于自己的社会，人们必须理解和遵从传统的行为模式。在工业化时期，工业经济得到发展，原有的社会体系逐渐崩溃，许多以前不能解释的新形态出现，以致于人们如果仅仅依靠遵从传统将无法解决社会生活中出现的新问题，这时就需要借助高度个性化且稳定的性格，因此内在导向逐渐取代了传统导向的主流地位。所谓内在导向，指的是内在导向性格的个体通常具有吃苦耐劳的精神以及坚忍不拔的进取心，他们的行为原则因此具有较强的稳定性。

在这之后，随着生产力的发展以及第三产业的兴盛，使得人们的工作时间不断缩短，闲暇时间日益增多，因而消费主义也随之兴起。伴随着媒体所传播的消费形象越来越多，教育、休闲运动、服务业的迅速发展，人们越来越看重享乐，关心周边社会环境的变化与波动，重视人际关系，希望博得别人的赞同，这同时造就了越来越多的他人导向性格者——并且集中地出现在在大都市的年轻人、高收入群体中——因此他人导向随之占据了社会的主流地位。与此同时，这种性格导向使得人们的个性逐渐丧失，即使适应社会的能力与日俱增，但其心灵却越来越恐惧与他人交流并走向孤独。“所有他人导向性格的人的共同点是，他们均把同龄人视为个人导向的来源，这些同龄人无论是自己直接认识的或通过朋友和大众传媒间接认识的。”[①]然而，具有他人导向性格的个体自身的孤独感，使得他们大部分时候把时光消磨在电视、电影、杂志、报刊等大众传媒上，因此从传媒获得的信息远超过直接从人际交往中得到的。在这个社会阶段，绝大多数年轻人的成长都离不开传媒，他们的生活方式、思考方式与价值观念都受到传媒的极大影响。“大众传播媒介对于美国人知觉方式、生活的理解和如何成为一个男孩或女孩、男人或女人、老人等具有强烈而深远的影响。”[②]在这层意义上，传媒扮演了一个“泛他人化”的角色，而究其本质，现代社会中的他人导向在一定程度上正是传媒导向。

① [美]大卫·理斯曼等:《孤独的人群》，王崑、朱虹译，南京大学出版社2002年版，第20页。

② 同上书，第29页。

毫无疑问，这种个体对传媒的依赖就为传播媒体背后的权力可以更加顺利地作用于个体提供了可能。日益先进的传播媒体凭借其技术优势，为社会主流意识形态对个体的渗透提供了一种极为有效的途径和方式，传媒也因此被置于社会文化与权力结构关系的分配中心。正因如此，葛兰西·安东尼奥提出了他著名的霸权理论，即资产阶级在政治社会中行使其政治霸权，而在市民社会中则行使一种文化霸权。① 阿尔都塞也将传播媒体看作一种通过对内容的巧妙安排而使受众接受主流意识形态，进而塑造出或者生产出对现行社会制度的认同感的“意识形态国家机器”。② 它通过日常生活的传播行为以更微妙的方式复制意识形态，从而使其看起来是自然而然的。这表明，传播媒体作为权力集团表达自我意识形态的工具，其背后有着极其复杂的权力关系。

图 3-3-1 沙发土豆（图片来自网络）

沙发土豆（Couch potato），指的是那些拿着遥控器，蜷在沙发上，跟着电视节目转的人，什么事都不干，只会在沙发上看电视，描述了电视对人们生活方式的影响，这个词最早诞生在美国。

经典的传播学议题设置理论指出，传媒虽然不能决定人们怎样想，却能决定人们想什么。③ 时尚现在已经成为大众传媒中一个非常重要的概念。时尚与传媒之间更是存在着密不可分的关系。传媒若想要顺畅地履行其传播功能并且吸引受众的注意力，必须遵循一定的法则，而这法则本身就是时尚文化的一部分；另一方面，时尚文化也需要借助一定的

① ［意］葛兰西·安东尼奥：《狱中札记》，葆煦译，人民出版社 1983 年版，第 59 页。
② ［法］阿尔都塞：《哲学与政治：阿尔都塞读本》，陈越编，吉林人民出版社 2003 年版，第 142 页。
③ ［美］纳·赛佛林、小詹姆斯·坦卡德：《传播理论：起源、方法与应用》，郭镇之等译，华夏出版社 2000 年版，第 263 页。

传播手段才能成为普遍性的社会文化。传媒对时尚的重视以及集中报导，超过了其他议题的报导强度，这导致受众认为时尚是非常重要的议题。同时，由于受众倾向于关注和思考传媒聚焦的问题，并按照传媒制定的顺序安排自身的兴趣，因此传媒对时尚的重视，会自然而然地引发受众对时尚的关注。

从另一个角度来看，传媒对时尚的宣传也是为了迎合社会的需要。生活水平的提高增强了个体的购买力，思想的解放使个体追求生活的审美和享受，加上消费社会的出现令许多生活用品变成了快速的消费品，使得人们的消费方式渐渐变化。消费开始求新求异，目的是令自己变得更加漂亮、更加有品味、更加与众不同，并不再看重物品的基本属性与用途。而时尚恰到好处地契合了这种欲求。追随时尚成为让个体自身显得与众不同的最简便的方法。大众只要通过传媒了解今年的服装流行什么款式，什么颜色，就可以加入时尚的行列。而且也正因为是时尚，所以不管装扮出来的效果如何，舆论也不会过于苛责，审美体验的双方也就无须为此冒太大风险。社会大众需要了解时尚，需要时尚来带领他们前进，而传媒也积极地迎合个体的这种需要。传媒在这里扮演了一个两面的角色，一方面，它收集精英层的时尚信息，是追随者的角色；另一方面，它又引领着大众的时尚，是领导者的角色。它衔接着时尚精英和大众两端，为时尚的流行起着推波助澜的作用。

传播时尚的媒体涉及广泛，包含了各种差异性极大的载体、方式和内容。其中与性感时尚关系最密切的媒介有二：时尚杂志与时尚广告。前者通过对格调的宣扬引领人们的时尚生活，后者通过欲望的重建指引人们的时尚追求。

二、性感与时尚杂志

在西方，女性时尚杂志出现于 18 世纪，主要内容除了时装之外，还包括美容、健康等其他类别的身体技术、女性的家庭生产技能、女性的社会人际交往技巧，当然还包括特定时代人们精神气质的理想形态与培养方式，等等。“作为经济状况、社会流动性和大规模工业生产的重要反映，妇女杂志的数量在19世纪晚期迅速增长。”[①]到了20世纪中期，时尚杂志与其他女性杂志一道，成为现代工业化传媒业及文化产业中的核心组成部分之一。男性时尚杂志则出现在20世纪中期，随着女权主义的崛起，以及男性对自身形象的重视，也呈现逐渐蓬勃发展的趋势。

时尚杂志今天已经成为时尚产业的重要组成部分，它既是时尚产业化的必然产物，同时又对时尚起到了特定的影响。首先，时尚杂志缩短了时尚的存在周期，加快了时尚的更新节奏，把以季度为标准时间单位的时尚，转变为以月份、星期、每天甚至特定时刻为单位的时尚实际运用形态，这无疑对时尚的扩大再生产及其在社会领域内更广泛的流行起到了促进作用。其次，时尚杂志在构建人们的日常生活形态这一最终目的不变的情况下，又各自以差异性的定位、内容构造、形式风格及其议程设置，来形成和时尚产业与时尚市场的更密切、更丰富和更有针对性的结合，各自在其范围内对不同时尚进行有选择的推广，从而反过来对时尚的生产和传播形成制约。最后，如同其他现代传播机制一样，时尚杂志一直在强化着它对大众的训诫功能，但却把这种功能呈现地越来越隐晦、越来越迷人，从而达到了规训与诱惑的统一。由于上述三个原因，时尚杂志到今天已经基本完成了其对大众日常生活的全面介入、渗透与重建过程，其基本形态也已定型。

罗兰·巴特把服装杂志称为“制造流行神话的机器”。在他看来，出现在服装杂志上的是书写服饰，它和真实的服饰是由不同的实体组成的两种相互完全独立的系统，一是由词语组成，一是由事物和情境组成。因此人们无权宣称二者之间不存在区别。但是如果二者之间不存在真正的关系，前者就无法存在下去。[②]语言是用来指称实在的，书写服饰对真实的服饰做出描述，这一点我们容易理解。但我们发现，书写服饰不仅描写真实服饰，而且会影

① [美]珍妮弗·克雷克：《时装的面貌：时装的文化研究》，舒允中译，中央编译出版社2000年版，第67页。

② [法]罗兰·巴特：《流行体系：符号学与服饰符码》，敖军译，上海人民出版社2000年版，第45—46页。

响到真实服饰的存在，特别是会决定我们对服饰的选择。因此，我们会发现，在今天的消费社会中，真实的服饰正是由书写的服饰构建起来的，而作为消费品的服装性质通过对于书写服饰的考察才能清楚地认识。

罗兰·巴特认为，时尚杂志中的书写时装是符号学理论的最佳作用领域，他因而把时尚杂志中的服装分成意象与文字两种类型：意象服装的各组成部分之间的关系是空间上的；而文字服装各组成部分之间的关系是句法上的。观看或阅读这两种服装，是具有人类学差异的行为：我们看意象服装，我们读描写的衣服，与这两种活动对立的可能是两种不同的受众。意象使购买行为变得毫无必要，它取代了购买。我们沉醉于意象中，梦想把自己等同于模特儿。而在现实生活中，个体或许只能通过买几个小的珠宝饰物来赶时髦。言语则与此相反，它使服装摆脱了所有物质的现实束缚。描述的服装鼓励购买，它不过是非个人化的事物系统，这些事物聚焦在一起便创造了流行。意象激发了幻想，言语刺激了占有欲。

书写服饰之所以对人们产生如此重大地影响，还在于它对于语言表达方式的一种蓄意的谋划。我们借助于罗兰·巴特的分析可以发现书写服饰的以下几种表达方式。

1. 将许多不同的意义赋予实用的服饰，使其成为某种符号。比如把本来只是工装的耐磨的牛仔裤转变成休闲的符号。

2. 利用偶然的细节使得某种服饰好像是直接针对每一位读者。

3. 把某种服装流行的原因归之于消费者，而不是生产者。比如这样的表达："她们喜欢条纹泳装，她们把泳装前件抬得很高。"

4. 把服饰的流行归因于服饰自身，使其成为一个独立的专制王国，好像完全不受人的支配。比如这样的表达："今年睡衣流行三种长度"，"今年领子将敞开"。[①]

①［法］罗兰·巴特：《流行体系：符号学与服饰符码》，敖军译，上海人民出版社2000年版，第275—289页。

正由于书写服饰的重要性，时尚杂志的风格也与普遍意义上的杂志有所不同。首先，我们发现时尚杂志的语言风格华丽，语调轻快。“总是以审美的形式呈现日常生活，并使生活具有某种特殊风格。”① 其次，时尚杂志顺应读图时代的潮流，文本通常都“图文并茂”，甚至是“图茂于文”，图像符号成为文本的主体建构。而且当我们仔细阅读时尚杂志的图像时，我们会发现女性的形象占了绝大多数。从叙事方式的角度看，时尚杂志一般通过单一文本叙事和编排叙事两种主要的方式来描述时尚。这两种叙事方式一部分是展示型的；一部分是讲述型的。展示型叙事通常介绍一些时尚趋势，比如服装流行款式，最新的化妆技法。讲述型叙事通常是带有教育培训性质的栏目。这类栏目虽然讲述故事，但重点却不是要告诉你一个故事，而是想通过这个故事告诉你时尚是什么。同时，时尚杂志有一整套符号体系，并在逐渐地扩大其范围。时尚杂志还掌握着一种话语机制与陈规，以便对时尚符号进行不同的组合，对其符号库的扩张进行限制与确定；在表达方面，时尚话语使得时装之类的消费品总是与特定的人（模特或真实的人物）及其行为、特定的场景与时间相联，并使他们成为象征，也就是人、事件或行为、环境与时刻构成的一个特殊的生活世界。在这个世界里，特定的人变成了偶像，行为动作变成戏剧，环境变成舞台，流逝的时间转变为固定的和不变的时刻，从而使各种时尚性物品最终转变成为一种能与永恒的观念相关联的必备的道具、媒介与体现方式。

总之，时尚和服装表达了一定文化中的身体的意义：时尚提供了谈论身体的话语和修饰身体的方式，服装则将时尚转化为日常生活的行为规范。时尚杂志则向大众倡导服装风格并赋予这些风格以意义：通过向读者提供如此多样化的选择，时尚杂志不仅起到了引导某些特定风格并使之时尚化的作用，还同时告诉潜在的消费者什么才是时尚。现代时尚系统的独特之处便在于它

① [英] 迈克·费瑟斯通：《消费文化与后现代主义》，刘精明译，译林出版社 2000 年版，第 95 页。

"商品化"了的身体和性感。"换句话说，与身体的性感紧密相连的时尚，是通过那些为满足性方面要求而制造的特定商品明确表示出来的。在杂志和印刷品上的广告里，时尚的意象总是徘徊在当代关于性感的主流观点的边界上。"[①] 在时尚杂志中，图像和文字都在告诉人们什么是性感，什么是当下最时尚的性感，如何表现性感，并掩藏着这样一个声音，如果你不是时尚的或性感的，将无法吸引他人。

除了女性时尚杂志，20 世纪也出现了形形色色的男性时尚杂志。最著名的莫过于老牌男性杂志《Playboy》，2004 年由时尚集团推出的《男人装》则是国内男性时尚杂志的代表。《Playboy》一贯以丰乳肥臀的性感女郎为封面，以女性的性感为卖点。而以"趣味真实、性感实用"为方针的《男人装》，也充斥着女性的性感照片。

图 3-3-2　时尚杂志《男人装》封面（图片来自网络）

国际男性杂志市场的当红杂志《FHM》于 2004 年 4 月 23 日以《男人装》的名义，登陆中国内地市场，迅速成为内地男性杂志的领军刊物。

可以看到，时尚杂志对女性性感的塑造，体现了知识权力和性别权力的融合。时尚杂志通过展示特定时代人们精神气质的理想状态与培养方式，同时规诫着性感的表现、形式、甚至尺度。推崇并规范，时尚杂志正是通过这样的方式塑造着时尚文化中的性感。

① [英] 乔安妮·恩特维斯特尔：《时髦的身体：时尚、衣着和现代社会理论》，郜元宝等译，广西师范大学出版社 2005 年版，第 237 页。

三、性感与时尚广告

不管是作为商业艺术或者纯粹艺术本身，广告总是呈现出一定时代人们的生存状态和精神追求。早在1917年，英国小说家诺曼·道格拉斯就曾断言过广告在全球的蓬勃发展："通过广告你可以发现一个国家的理想。"①20世纪以来，市场学和传播学的理论不断完善，使得广告艺术朝多样化的方向迅速蓬勃发展，甚至并不比"纯粹的艺术"逊色。因而，杰姆逊断言，它"完全可以和文艺复兴时期的艺术、十九世纪的小说相媲美。"②

有人把20世纪称作是"广告的时代"，法国广告评论家罗贝尔·格兰说过："我们呼吸的空气是由氧气、氮气和广告所组成的。"乍一听，这种说法似乎显得有些夸张，但是仔细想想，我们今天其实就生活在一个广告的世界中：网络、电影、电视、收音机、报纸、杂志、城市公交车……可以说凡是能够传播广告的媒介，都成了广告大显身手的场所。于是，不管喜欢与否，个体都必须面对每天迎面而来的大量广告信息的狂轰滥炸。对于现代人来说，广告显然成为了生活的一部分。广告，一方面在借助性感的形象来吸引我们的注意力；另一方面也在告诉我们，什么是性感，通过这种对性感的塑造来激起我们的购买欲。

1. 欲望引导

广告为欲望的流动提供了方向，为欲望的表达提供了对象，广告所指向的产品也为欲望的表达提供了途径。哈根达斯曾发布过这样一幅平面广告，一盒哈根达斯冰淇淋被一只女性的手举在身侧，彩色的哈根达斯背后是一对亲密男女相互靠近的胸部。女性内衣的肩带滑落在侧，露出迷人的锁骨和乳沟。女性胸部的上方写着两行字："这，就是哈根达斯一刻，此时此刻，为您开启。"显然，这幅广告不仅唤起了大众消费的注意和兴趣，更重要的是

① [美] 威廉·阿伦斯：《当代广告学》，丁俊杰译，华夏出版社2001年版，前言。
② [美] 杰姆逊：《后现代主义与文化理论》，唐小兵译，北京大学出版社1997年版，第223页。

图 3-3-3 哈根达斯平面广告（图片来自网络）

直接启动了大众的欲望系统装置。本来，冰淇淋和性爱没有必然联系，但是广告却让作为物质的“食”与作为信息的“色”发生了一种暧昧不清又意味深长的关系。于是，借助广告，消费者不仅在现实中获得了口腹之欲的满足，同时也在想象界完成了一次性心理欲望满足的免费服务。

如此看来，广告对消费者的欲望引导往往在两个层面进行。第一个层面是直接与广告所宣传的物品发生关系，激发消费者的购买欲。第二个层面则处在潜意识的非理性层面。广告超越了具体可感的物质形象，转而用一种温馨美满的故事、浪漫潇洒的情调、幸福光明的前景等来激活消费者的无意识欲望。对性感的大肆宣扬就是基于第二个层面。

广告的制作不仅是欲望诱导，同时它还进行了某种意识形态的编码和输入，其目的是赋予欲望一种合理合法的存在理由。杰姆逊指出：广告并不只是对直接的欲望说话，而“必须作用于更深一层的欲望，甚至是无意识的需要，有些还和性欲有关。某些饮料广告便有这个特色，宣传说你只要喝这种饮料，不仅会有妙龄女郎依偎着你，而且你会感到生活极其美好，充满了浪漫色彩，诸如此类的夸张。这样，直接的欲望和深层的无意识需求都得到了满足；你可以梦想一个妙龄女郎，甚至更进一步，你可以幻想全部生活都发生改观，四周都是美丽的人，你有重组的时间，无忧无虑，也就是说世界上所有的一切都在这种乌托邦式的状态下改变了、变形了。”[①] 根据杰姆逊的分析我们可以看出，最成功的广告制作不仅要促成消费者的购买行动，更重要的是要诱导出消费者的乌托邦冲动，从而使消费者对现实、未来产生一种玫瑰色的幻觉。而消费者在对产品占有的同时，也完成了对幸福生活的想象性占有。

2．幻觉生产

杰姆逊认为，对于广告来说，“真正的革命不能在‘想象界’里进行，广告正是把那些最深层的欲望通过形象引入到消费中去”。[②] 鲍德里亚认为，“我们正从一种由那些与各种商品相联系的符号和符码所统治的社会转向一种由一些更为一般性的符号和符码所统治的社会……我们正趋于将一种抽象和模式化的符号体系普遍地确立起来”。[③] 我们生活在一个完全由符号所主导的世界里。我们所有的思想和行为都受到符号的影响。例如，消费已经不是传统意义上的需要的满足，而是在“生产”符号、差异、地位和名望。在符号的操纵之下，消费更多的在符号层面上而不是在物质层面上来进行——不仅要消费物质本身，更重要的还要消费物质的意义。而且，后现代社会的符号与现代符号不同。如果说现代符号是与物体相联系的话，那么后现代符号不再表示任何现实。“与符号相关联的只是其他的符号，它们的意义也只是在这些符号之间的关系中才能被发现。”[④] 时尚正是符号统治的一种范式。时尚是属于后现代世界的一部分，时尚不仅不指涉任何真实的事物，而且也不导向任何地方。时尚不生产任何东西，只是再生产出符号。因为时尚不是被创造出来的，而是由模式生产出来的，直接就是再生产。不仅如此，时尚还具有极强的感染性和扩散性。时尚的自由扩散就有可能导致“拼贴”或“仿真”。

---

① [美] 杰姆逊：《后现代主义与文化理论》，唐小兵译，北京大学出版社 1997 年版，第 203 页。

② 同上书，第 223 页。

③ [美] 乔治·瑞泽尔：《后现代社会理论》，谢立中等译，华夏出版社 2003 年版，第 128 页。

④ 同上书，第 129 页。

关于仿真，鲍德里亚认为，我们的社会和经济已经发展到一个以信息生产为基础的“仿真”阶段，以至于不可能再把经济或生产领域同意识形态或文化领域分开来，因为各种文化的人工制成品、形象、表征、甚至感情和心理结构已经成为经济世界的一部分。所谓“仿真”即是“通过各种模型生产出一种复制品，一种以假乱真的东西。”① 对此，杰姆逊称之为“拼贴”。仿真产生了一种普遍的“超真实”的幻境。超真实是仿真的特性，是许多类像共同组成的一种新的现实状态。“超真实”是一种比现实还要更现实，比美好还要更美好，比真实还要真实的仿真模拟。结果是，如鲍德里亚所指出的，传媒形象生产的扩张，在根本上取消了现实与虚拟、原型与摹本之间的区别，我们生活在一个虚拟形象代替真实事物的世界。

广告本身正是一种“仿真”或“类像”，一个没有原作、没有客体指涉物的拷贝。“广告的目的便是在叙述称心如意的生活方式时令人联想到一个能指链：例如百事可乐 = 性感 = 受欢迎 = 好玩。”② 广告总是在用最时尚、最新颖的形象来吸引注意力。时尚是对美的迷狂，广告也是一种“使用价值和交换价值以纯粹和空泛的品牌形式遁入湮灭的自旋”。③ 在广告中频繁出现的性感形象，在向人们叙述令人羡慕的生活方式或态度，令人们陷入一种虚假的幻觉中：性感是唾手可得的，对商品的消费等于拥有性感，等于得到尊重，等于受到爱慕。

3．价值重建

大体而言，我们可以把大众的消费需要简单地分为两种，一种是对生活必需品的消费需要，一种是奢侈消费需要。当物质产品的丰富与否和自身购买的限制不再成为问题之后，价值观和道德观便成了决定大众消费需要的一

① [英] 约翰·斯道雷：《文化理论与通俗文化导论》，杨竹山、郭发勇等译，南京大学出版社 2001 年版，第 256 页。

② [美] 马克·波斯特：《第二媒介时代》，范静晔译，南京大学出版社 2001 年版，第 91 页。

③ [美] 乔治·瑞泽尔：《后现代社会理论》，谢立中等译，华夏出版社 2003 年版，第 142 页。

个重要因素。在这一层面上，我们看到了广告的威力。

我们常用欲壑难填来形容人们不断膨胀的欲望。但是长期以来，人们的欲望之所以能够被控制在理性的河床里而不至于泛滥，其中很大的原因来自于人们对某种神圣不可侵犯的价值准绳和道德律令的敬畏。然而，由于有了广告，人民的消费观念发生了变化，随之而来的是人们价值观和道德观的松动和不知不觉地位移。广告为奢侈品的推广提供的途径。在奢侈品面前，广告用艺术的方式淡化了奢侈消费的色彩，以不断的暗示告诉人们这是必需的消费，人们便拥有了一种一般消费的幻觉，人们的负罪感也因此减轻或消失了。

由此看来，广告不仅是大众从节俭走向奢侈，由禁欲走向纵欲的催化剂，而且还使大众的奢侈与纵欲得到了合理合法的包装。正如弗洛姆分析的那样："生活在现代社会中的人对于物的需求永无餍足，总是在追求吃、喝和更舒适的住宅。但是如果仔细观察一下周围，你会发觉广告和装潢对于需要起着越来越大的作用。这种需求已经不是出于人本身，而是出于人以外的原因。当广告对一种过剩产品大肆宣扬时，一个本来过得不错的人也会觉得自己过于寒酸。"丹尼尔·贝尔指出："在迅速变化的社会里，必然会出现行为方式、鉴赏方式和穿着方式的混乱。社会地位变动着的人往往缺乏现成的指导，不易获得如何把日子过得比'以前'更好的知识，于是，电影、电视和广告就来为他们指路。在这方面，广告所起的作用不只是单纯地刺激需要，它更为微妙的任务在于改变人们的习俗。"①广告不仅可以轰毁人们的旧的价值观和道德观，而且更重要的是为新的价值观和生活方式的诞生提供了强有力的参数。因为消费对象所具有的象征意义，使人们对消费对象的使用价值的需求转换成了"为欲望而欲望"的需求，从而，过去意义上满足需要（needs）的消费变成了满足欲望（wants）的消费，亦即对欲望本身的消费。

广告从欲望引导、幻觉生产、价值重建三个方面重塑着文化，也重塑着性感。广告为了吸引注意力，总是使用性感的形象来抓住眼球，这也是因为

① [美] 丹尼尔·贝尔：《资本主义的文化矛盾》，赵一凡等译，台北：久大文化公司 1989 年版，第 116 页。

性感与生俱来的吸引力；另一方面，广告为欲望的流动提供了对象，使消费品成为可欲的，成为欲望试图占有的。广告用幻觉式的形象向人们昭示，性感就是这样简单，就是在拥有商品的一瞬间，只要拥有商品即可得到性感，以及性感带来的吸引力。广告甚至在重新塑造人们对性感尺度的把握，广告上模特的衣服越来越少就是最好的证明。总的来说，广告作为一种媒介，在消费文化盛行的当代，确实与我们的生活糅合在一起。广告所体现出的对人生活方式、价值判断的影响和塑造，也同样适用于性感。

无论是时尚杂志还是时尚广告，性感都直接指向女性，这仍然是男性权力的书写。女性在媒体中“完全由男人的凝视所塑造”，这个女人是孤独的、果断的和智慧的：“女性气质是纯洁、自由和强大的，但是男性无处不在，他在所有的侧面进逼，正是他使每样东西得以存在；他是永恒的创造性的缺席……”媒体中的男人因而不见却又无处不在，他是一种限制和决定一切的弥漫的在场，并且女性必须通过他的术语来定义自己。她注定要从他的眼睛中看她自己，用他的语言来描述她自己。①

图 3-3-4 2016 年维多利亚的秘密时尚秀海报（图片来自网络）

维多利亚的秘密时尚秀，以另类广告的形式，每年一度地兜售着欲望和幻想

① Williamson, J.: *Decoding Advertisements: Ideology and Meaning in Advertising*, London: Marion Boyars. 1978. 转引自阿雷恩·鲍尔德温等：《文化研究导论》，陶东风等译，高等教育出版社 2004 年版，第 62 页。

结　语

自2001年起，每年一度的“维多利亚的秘密时尚秀”，都会掀起一股性感时尚的狂潮。身着各式性感内衣的模特，快乐地展示着她们美丽的身体与服饰，令观众无比动容。性感时尚总是这样带着我们难以言说的吸引力，这种吸引力建立在人最自然的本性之上，同时又是社会文化的产物。

性感是两性之间最自然的吸引力，基于人类最原始的生命本能——性本能。性本能是性感审美发生的内在动力，在无意识领域推动性感成为人的审美对象。性感也同其他的艺术形式一样，通过力比多强而有力的转移、替代的满足和陶醉的方法，实现了性本能的升华。所以，从自然的维度来看，性感可以说是两性之间基于性本能的一种欲望的表达。性感用身体的样态表达性欲望，通过幻想和欲望的凝固来言说性欲望，在审美中超越了性欲望，完成了“情欲的人化”。

性感不仅是“自在”的，也是文化的产物，并受到多种社会因素的制约。时尚就是其中最重要的因素之一，以身体为中介，反映、表现并塑造着性感。时尚起源于对身体的装饰，原初目的正是在于凸显性的吸引力，在之后的发展中性感逐渐成为时尚的核心内容，指引着时尚的发展方向。同时，时尚也通过身体装饰的风尚左右着性感的欲望表达方式，使得性感的感性表现形式随着时尚的变迁而变化。在当代时尚文化中，性感越来越受到崇尚，成为大众争相模仿的焦点；时尚也渐渐凸显出性感诱惑的特征，在时装风格、身体形象和艺术行为中都张扬着性感的意味。二者相互作用，相互影响：性感决定了时尚的重要内容，时尚左右着性感的感性形式。身体是性感与时尚的中介。身体表达性感，时尚装饰身体，性感时尚最终都通过身体体现出来。性感与时尚的关系也体现了身体的双重属性：自然的身体和社会的身体。时尚中的性感，就是自然的身体社会化的结果。

在时尚中，性感如同艺术，存在创作与鉴赏两个方面。性感的表达（即创作）就是用时尚的形式来装扮自己，表现自己的性魅力；性感的审美就是直观时尚的形象时，感受到其中的性吸引力。在性感的表达或审美中，审美关系集中在“看”与“被看”的审美直观中，并不会满足任何一方对性的真正渴望，这也体现了性感的超功利性。性感时尚虽然基于本能、表达欲望，但不是以直接的“有用”“可用”为目的，审美的直观超越了功利。性感的审美中，表达与审美所带来的审美愉快略有不同，如同尼采所说的“梦”与“醉”，其中分别体现着日神精神和酒神精神。性感的表达将自己的本质力量对象化于自身的身体形象，自己的身体就是自我的对象，主体与对象融为一体并处于一种自由愉快的状态。性感的审美陶醉于对象的性感，在那一瞬间仿若陷入柏拉图所说的“迷狂”之中，忘记了自我，只有灵魂仿佛在燃烧。梦呈现为幻想，通过外观表现出来，体现着节制与适度。醉则是情绪的放纵，并以惊骇和狂喜的忘我之境为其最鲜明的特点。

在当代的社会中，由于商品的消费成为日常生活中最重要的一部分，使得本来最易张扬个性的时代却为消费所控制，衣着、时尚只能成为商家按照工业设计的标准生产出来的伪个性。时尚被消费异化的同时，性感也受到消费文化的影响，不可避免地与个体炫耀、模仿、消费、商品发生关系。为了刺激个体消费，时尚商品被赋予性感的意味，令商品成为个体性感的表征。为了商品的持续销售，性感时尚的形象日新月异，引发大众无休止的仿效。在模仿中，个体不仅失去个性，而且不惜毁形进行的身体修饰也带来自身的痛苦。

时尚文化中，权力将自己加在身体上面，限制身体，使其只能以特定的方式活动，使身体成为社会情境的象征。通过这种方法，知识权力、男性视角都直接制约着性感，塑造着性感。知识权力令身体始终处于“被看”的“自我规诫”之中，个体在幻想的目光下自觉地按照权力规范来表达自我。并且，知识权力通过建立与身份相符的衣着体系，构建着个体的“合乎自然的”性感和行为方式，使个体严格遵循权力对于身体以及性感的特殊规范和期待。除此之外，男权社会又为女性添加了更多一层的权力禁忌。性别不仅是人自然的差异，也是文化形成的分类。而男权话语却将文化造成的性别差异引申强化，使其被认为是自然的差异。男性为女性冠以各种属性，女性的形象被塑造为顺从、被动和唾手可得的。女性与她的身体被等同起来，性感成为女性的代表特征。凭借教育的手段、偶像的作用，性感成为女性的“刻板成见”、集体幻想，最终内化为其“集体无意识”中的疯狂追求。女性为了男性所说的目的追求性感，甚至不惜以健康为代价。传媒是权力书写的集中体现。大众媒体为时尚、性感的传播推波助澜，同时又重新塑造着性感。时尚杂志和时尚广告分别用叙事与符号表现和制造着性感与时尚。通过静态、动态的文本叙事，传媒扮演了一个“泛他人化”的角色，成为个体的主要引导者。并通过能指与所指的重新构建，为时尚商品附加意义，制造性感时尚的神话。

时尚文化已经成为整个文化领域中最活跃的部分，它向当代美学、文化研究提出的挑战不容回避。时尚文化在群众中的广泛传播，使我们可以通过时尚文化的研究进一步了解群众的审美趣味、生活方式和心理动向。对时尚文化自身矛盾的清晰把握，有助于我们理性地认识时尚、评价时尚、追赶时尚。时尚文化与权力、消费和传播媒体的紧密联系，使我们通过对它的研究，有可能进一步了解社会权力、资本和传播媒体的运作过程及特点。总之，通过对性感时尚这种文化形式的具体考察，我们希望能够了解其文化发展的历程、方向和目标。并且，希望这样的基于时尚文化研究的尝试，能对美学体系和文化研究的发展起到一定的推动作用。

参考文献

中文文献：

1. [古希腊] 柏拉图：《柏拉图文艺对话集》，朱光潜译，北京：人民文学出版社 2000 年版。

2. [古希腊] 柏拉图、斐多：《柏拉图对话集》，杨绛译，沈阳：辽宁人民出版社 2000 年版。

3. [古希腊] 亚里士多德：《诗学》，陈中梅译，北京：商务印书馆 1996 年版。

4. [英] 博克：《崇高与美：伯克美学论文选》，李善庆译，上海：三联书店 1990 年版。

5. [德] 康德：《纯粹理性批判》，邓晓芒译，北京：人民出版社 2004 年版。

6. [德] 康德：《判断力批判》，邓晓芒译，北京：人民出版社 2002 年版。

7. [德] 席勒：《审美教育书简》，冯至、范大灿译，北京：北京大学出版社 1985 年版。

8. [德] 黑格尔：《美学》，朱光潜译，北京：商务印书馆 1996 年版。

9. [德] 叔本华：《爱与生的苦恼》，陈晓南译，北京：中国和平出版社 1986 年版。

10. [德] 叔本华：《作为意志和表象的世界》，石冲白译，北京：商务印书馆 1991 年版。

11. [德] 尼采:《悲剧的诞生:尼采美学文选》, 周国平编译, 北京: 生活·读书·新知三联书店 1986 年版。

12. [德] 尼采:《反基督》, 陈君华译, 石家庄:河北教育出版社 2003 年版。

13. [德] 尼采:《权力意志:重估一切价值的尝试》, 张念东、凌素心译, 北京:商务印书馆 1991 年版。

14. [德] 马克思、恩格斯:《马克思恩格斯选集》, 中共中央马克思恩格斯列宁斯大林著作编译局译, 北京:人民出版社 1972 年版。

15. [德] 马克思:《1844 年经济学哲学手稿》, 中共中央马克思恩格斯列宁斯大林著作编译局译, 北京:人民出版社 2000 年版。

16. [英] 鲍桑葵:《美学史》, 张今译, 桂林:广西师范大学出版社 2001 年版。

17. [英] 贝尔:《艺术》, 薛华译, 南京:江苏教育出版社 2004 年版。

18. [奥] 弗洛伊德:《本能的冲动与成功》, 文良文化编译, 北京:华文出版社 2004 年版。

19. [奥] 弗洛伊德:《弗洛伊德论美文选》, 张唤民、陈伟奇译, 上海:知识出版社 1987 年版。

20. [奥] 弗洛伊德:《弗洛伊德主义原著选集》, 车文博主编, 沈阳:辽宁人民出版社 1988 年版。

21. [奥] 弗洛伊德:《诙谐及其与无意识的联系》, 常宏等译, 北京:中国文联出版公司 2002 年版。

22. [奥] 弗洛伊德:《精神分析引论》, 高觉敷译, 北京:商务印书馆 1984 年版。

23. [奥] 弗洛伊德:《精神分析引论新编》, 高觉敷译, 北京:商务印书馆 1987 年版。

24. [奥] 弗洛伊德:《梦的解析》, 罗林等译, 北京:九州出版社 2004 年版。

25. [奥] 弗洛伊德:《性欲三论:一个歇斯底里病例的分析片断》, 赵蕾、宋景堂译，北京 : 国际文化出版公司 2001 年版。

26. [德] 海德格尔：《林中路》，孙周兴译，上海 : 上海译文出版社 1997 年版。

27. [德] 海德格尔：《尼采》，孙周兴译，北京 : 商务印书馆 2004 年版。

28. [法] 梅洛 – 庞蒂：《眼与心 : 梅洛庞蒂现象学美学文集》，刘韵涵译，北京 : 中国社会科学出版社 1992 年版。

29. [法] 拉康：《拉康选集》，褚孝泉译，上海 : 三联书店 2001 年版。

30. [美] 马尔库塞：《爱欲与文明 : 对弗洛伊德思想的哲学探讨》，黄勇、薛民译，上海 : 上海译文出版社 2005 年版。

31. [俄] 普列汉诺夫：《论艺术 : 没有地址的信》，曹葆华译，北京 : 生活 · 读书 · 新知三联书店 1973 年版。

32. [美] 詹姆逊：《文化转向》，胡亚敏等译，北京 : 中国社会科学出版社 2000 年版。

33. [英] 伊格尔顿：《文化的观念》，方杰译，南京 : 南京大学出版社 2003 年版。

34. [法] 阿尔都塞：《哲学与政治 : 阿尔都塞读本》，陈越编，长春 : 吉林人民出版社 2003 年版。

35. [法] 米歇尔 · 福柯：《性经验史》，佘碧平译，上海 : 上海世纪出版集团 2005 年版。

36. [法] 米歇尔 · 福柯：《规训与惩罚》，刘北成、杨远婴译，北京 : 生活 · 读书 · 新知三联书店 1999 年版。

37. [法] 米歇尔 · 福柯：《权力的眼睛》，严锋译，上海 : 上海人民出版社 1997 年版。

38. [法] 米歇尔 · 福柯：《知识考古学》，谢强、马月译，北京 : 生活 · 读书 · 新知三联书店 2003 年版。

39. [英] 阿兰 · 谢里登：《求真意志 : 福柯的心路历程》，尚志英、许林译，上海 : 上海人民出版社 1997 年版。

40. [英] 阿雷恩・鲍尔德温等：《文化研究导论》，陶东风等译，北京：高等教育出版社 2004 年版。

41. [德] 爱德华・博克斯：《欧洲风化史：风流世纪》，侯焕闳译，沈阳：辽宁教育出版社 2000 年版。

42. [德] 爱德华・博克斯：《欧洲风化史：文艺复兴时代》，侯焕闳译，沈阳：辽宁教育出版社 2000 年版。

43. [德] 爱德华・博克斯：《欧洲风化史：资产阶级时代》，赵永穆、许宏治译，沈阳：辽宁教育出版社 2000 年版。

44. [英] 霭理士：《性心理学》，潘光旦译，北京：商务印书馆 1997 年版。

45. [美] 安妮・霍兰德：《性别与服饰：现代服装的演变》，魏如明等译，北京：东方出版社 2000 年版。

46. [法] 波德莱尔：《波德莱尔美学文选》，郭宏安译，北京：人民文学出版社 1987 年版。

47. [美] 波利・扬 – 艾森卓：《性别与欲望：不受诅咒的潘多拉》，杨广学译，北京：中国社会科学出版社 2003 年版。

48. [英] 达尔文：《人类的由来及性选择》，叶笃庄、杨习之译，北京：科学出版社 1996 年版。

49. [法] 丹纳：《艺术哲学》，傅雷译，合肥：安徽文艺出版社 ,1991 年版。

50. [美] 丹尼尔・贝尔：《资本主义的文化矛盾》，赵一凡等译，台北：久大文化公司 1989 年版。

51. [德] 格罗塞：《艺术的起源》，蔡慕晖译，北京：商务印书馆 1984 年版。

52. [澳]J. 纳赫：《理解福柯》，刘瑾译，天津：百花文艺出版社 2002 年版。

53. [美] 杰姆逊：《后现代主义与文化理论》，唐小兵译，北京：北京大学出版社 1997 年版。

54. [美] 凯伦・W. 布莱斯勒等：《百年内衣》，秦寄岗、屈连胜译，北京：中国纺织出版社 2000 年版。

55. [美] 琳达·诺克林:《女性,艺术与权力》,游惠贞译,桂林:广西师范大学出版社 2005 年版。

56. [法] 罗丹口述,葛赛尔:《罗丹艺术论》,傅雷译,北京:人民日报出版社 2000 年版。

57. [法] 罗兰·巴特:《流行体系:符号学与服饰符码》,敖军译,上海:上海人民出版社 2000 年版。

58. [法] 罗兰·巴特:《文之悦》,屠友祥译,上海:上海人民出版社 2004 年版。

59. [德] 玛克斯·德索:《美学与艺术理论》,兰金仁译,北京:中国社会科学出版社 1987 年版。

60. [英] 迈克·费瑟斯通:《消费文化与后现代主义》,刘精明译,南京:译林出版社 2000 年版。

61. [英] 莫微·理查德斯:《流行:活色生香的百年时尚生活》,俞蘅译,北京:中国友谊出版社 2007 年版。

62. [法] 穆斯达法·萨福安:《结构精神分析学:拉康思想概述》,怀宇译,天津:天津社会科学院出版社 2001 年版。

63. [美] 南茜·埃特考夫:《漂亮者生存》,盛海燕等译,北京:中国友谊出版公司 2000 年版。

64. [英] 乔安妮·恩特维斯特尔:《时髦的身体:时尚、衣着和现代社会理论》,郜元宝等译,桂林:广西师范大学出版社 2005 年版。

65. [法] 乔治·巴塔耶:《色情史》,刘晖译,北京:商务印书馆 2004 年版。

66. [美] 乔治·瑞泽尔:《后现代社会理论》,谢立中等译,北京:华夏出版社 2003 年版。

67. [德] 齐奥尔格·西美尔:《货币哲学》,陈戎女译,北京:华夏出版社 2002 年版。

68. [德] 齐奥尔格·西美尔:《时尚的哲学》,费勇等译,北京:文化艺术出版社 1997 年版。

69. [法] 让・鲍德里亚：《消费社会》，刘成富、全志钢译，南京：南京大学出版社 2000 年版。

70. [美] 托尔斯坦・凡勃伦：《有闲阶级论：关于制度的经济研究》，蔡受百译，北京：商务印书馆 1997.

71. [美] 瓦莱丽・斯蒂尔：《内衣：一部文化史》，师英译，天津：百花文艺出版社 2004 年版。

72. [美] 沃尔特・李普曼：《舆论学》，林珊译，北京：华夏出版社 1989 年版。

73. [法] 西蒙娜・德・波伏娃：《女人是什么》，王友琴等译，北京：中国文联出版社 1988 年版。

74. [英] 约翰・斯道雷：《文化理论与通俗文化导论》，杨竹山、郭发勇等译，南京：南京大学出版社 2001 年版。

75. [美] 伊丽莎白・赫洛克：《服装心理学》，吕逸华译，北京：纺织工业出版社 1986 年版。

76. [美] 珍妮弗・克雷克：《时装的面貌：时装的文化研究》，舒允中译，北京：中央编译出版社 2000 年版。

77.《老子》，北京：中华书局 2006 年版。

78.《庄子》，北京：中华书局 2007 年版。

79.（宋）朱熹：《四书章句集注》，北京：中华书局 2012 年版。

80.（南朝宋）刘义庆：《世说新语》，北京：中华书局 2009 年版。

81.（清）李渔：《闲情偶寄》，北京：中国社会出版社 2005 年版。

82. 陈醉：《裸体艺术论》，北京：中国文史出版社 2007 年版。

83. 陈醉：《性诱惑与人体美的起源及未来》，《美术观察》2003 年第 2 期。

84. 陈醉编：《人体美与性文化》，北京：中国文联出版公司 1990 年版。

85. 杜小真编选：《福柯集》，上海：上海远东出版社 1998 年版。

86. 华梅：《定位时尚》，天津 : 百花文艺出版社 2002 年版。

87. 华梅：《西方服装史》，北京 : 中国纺织出版社 2003 年版。

88. 黄能馥、陈娟娟：《中国服装史》，北京 : 中国旅游出版社 2001 年版。

89. 江晓原：《性感 : 一种文化解释》，海口 : 海南出版社 2003 年版。

90. 李银河：《女性权力的崛起》，北京 : 中国社会科学出版社 1997 年版。

91. 李泽厚、刘纲纪：《中国美学史 : 魏晋南北朝编》，合肥 : 安徽文艺出版社 1999 年版。

92. 李泽厚、刘纲纪：《中国美学史 : 先秦两汉编》，合肥 : 安徽文艺出版社 1999 年版。

93. 李泽厚：《美学三书》，合肥 : 安徽文艺出版社 1999 年版。

94. 李泽厚：《批判哲学的批判》，天津 : 天津社会科学出版社 2003 年版。

95. 刘北成：《福柯思想肖像》，上海 : 上海人民出版社 2001 年版。

96. 刘成纪：《汉代美学中的身体问题》，武汉大学博士论文 2005 年版。

97. 刘清平：《论时尚文化的审美意蕴》，《学术论坛》2004 年第 3 期。

98. 刘清平：《论先秦儒家的美乐境界》，《广西师范大学学报》(哲学社会学版)2007 年第 5 期。

99. 刘清平：《情理利欲 : 大众审美中的文化反思》，武汉 : 湖北人民出版社 1998 年版。

100. 鲁迅：《鲁迅全集》第 4 卷，北京 : 人民文学出版社 1981 年版。

101. 牛宏宝：《西方现代美学》，上海 : 上海人民出版社 2002 年版。

102. 潘绥铭主编:《中国性研究的起点与使命》,高雄:万有出版社 2005 年版。

103. 沈从文：《中国服饰史》，西安 : 陕西师范大学出版社 2004 年版。

104. 施政一主编：《广义民族学》，北京 : 光明日报出版社 1992 年版。

105. 滕守尧：《审美心理描述》，成都：四川人民出版社 1998 年版。

106. 汪民安、陈永国编：《后身体：文化、权力和生命政治学》，吉林：吉林人民出版社 2003 年版。

107. 王小章、郭本禹：《潜意识的诠释》，北京：中国社会科学出版社 1998 年版。

108. 夏甄陶主编：《认识发生论》，北京：人民出版社 1991 年版。

109. 徐复观：《中国艺术精神》，上海：华东师范大学出版社 2001 年版。

110. 徐敏：《时尚》，《外国文学》2005 年第 2 期。

111. 杨道圣：《服装美学》，重庆：西南师范大学出版社 2003 年版。

112. 叶朗：《现代美学体系》，北京：北京大学出版社 1999 年版。

113. 叶朗：《中国美学史大纲》，上海：上海人民出版社 1985 年版。

114. 朱狄：《当代西方美学》，武汉：武汉大学出版社 2007 年版。

115. 朱光潜：《西方美学史》，北京：人民文学出版社 2003 年版。

116. 朱立元：《走向实践存在论美学——实践美学突破之途初探》，《湖南师范大学社会科学学报》2004 年第 4 期。

117. 朱立元主编：《现代西方美学史》，上海：上海文艺出版社 1996 年版。

118. 朱良志：《曲院风荷：中国艺术论十讲》，合肥：安徽教育出版社 2003 年版。

英文文献

1.Barnes,R. and Eicher, J. B. (ed.) (1992) *Dress and Gender: Making and Meaning* . Oxford: Berg.

2.Braham,P. (1997). 'Fashion: unpacking a cultural production', in P. du Gay (ed.), *Production of Culture/Cultures of Production*. London: Sage.

3.Bristow, J. (1997) *Sexuality*. London: Routledge.

4.Butler, J. (1993) *Bodies that Matter*. London: Routledge.

5.Coyle, A. (1982) 'Sex, Skill in the Organisation of the Clothing Industry', in J.West(ed.), *Work, Women and the Labour Market*. London: Routledge.

6.Craik, J. (1993) *The Face of Fashion*. London: Routledge.

7.Douglas, M. (1973) *Natural Symbols*. Harmondsworth: Pelican Books.

8.Entwistle, J. and Wilson, E. (1998) *'The Body Clothed': 100 Years of Art and Fashion*. London: Hayward Gallery.

9.Finkelstein, J. (1991) *The Fashion Self.* Cambridge: Polity Press.

10.Flūgel, J. C. (1930) *The Psychology of Clothes*. London: Hogarth Press.

11.Hebdige, D. (1979) *Subculture: The Meaning of Style.* London: Methuen.

12.Hollander, A. (1993) *Seeing through Clothes.* Berkeley: University of Califomia Press.

13.Hollander, A. (1994) *Sex and Suits: The Evolution of Modern Dress*. New York: Alfred A. Knopf.

14.Kunzle, D. (1982) *Fashion and Fetishism: A Social History of the Corset Tight-Lacing and other Forms of Body-Sculpture in the West*. Totowa, NJ: Rowan and Littlefield.

15.Lacan, J. (1992) *Sarup.* New York:Harvester Wheasheaf.

16.Laver, J. (1969) *Modesty in Dress.* Boston: Houghton Mifflin Co.

17.McDowell, C. (1992) *Dressed to Kill: Sex, Power and clothes*. London: Hutchinson.

18.Oakley, A. (1976) *Sex, Gender and Society.* Londen: Temple Simth.

19.Ramazanoglu,C. (ed.) (1993) *Up against Foucault: Explorations of some Tensions between Foucault and Feminism*. London: Routledge.

20.Steele, V. (1985) *Fashion and Eroticism: Ideals of Feminine Beauty from the Victorian Age to the Jazz Age*. Oxford: Oxford University Press.

21.Steele, V. (1985) *Paris Fashion:A Cultural History*. Oxford: Oxford University Press.

22.Turner, B. (1985) *The Body and Society:Explorations in Social Theory*. Oxford: Basil Blackwell.

23.Wilson, E. (1985) *Adorned in Dreams: Fashion and Modernity*. London: Virago.

24.Woodhouse, A. (1989) *Fantastic Woman: Sex, Gender and Transvestism*. London: Macmillan.

后　记

性感，是审美文化研究中一个非常值得关注的话题。性感对每一个人而言，既是非常熟悉的，常常可以被感知、被经验；又是非常模糊的，常常无法被叙述、被澄清。而时尚中的性感，更是体现着审美文化的丰富内涵。这也是本书所努力的方向：用美学的研究方法，对性感和时尚进行一次深入的审视，为性感时尚的美学研究作一次粗浅的尝试。

本书的主体部分分为三章，分别讨论性感的定位，时尚对性感的塑造，以及时尚文化中塑造性感的权力、知识话语。

第一章，性感的祛魅。在“自然”的维度上，将性感作为一种跨文化的审美现象来研究，以挖掘其普适性特征。分析性感作为审美现象的理由：性感的超功利性和性感的审美感受特征。探讨性感与本能、欲望的关系：性欲冲动是性感的内在的驱动力，性感植根于性本能，又审美地升华性本能；性感表达性欲望，又在现实地社会生活中，艺术地超越欲望。

第二章，性感、身体与时尚。在“文化”的维度上，探究作为与性感关系最密切的社会性因素，“时尚”与性感的关系。通过对时尚的定位，明确时尚与时尚文化的审美价值。分析身体作为性感与时尚相互作用的中介，如何表现性感与时尚的相互影响，以及性感时尚对身体的形式模仿。探究时尚变动的特征及规律，以及时尚使性感具有了哪些非本质的社会化特征和异化现象。

第三章，性感与时尚的话语权力。深入时尚文化之中，挖掘时尚文化中对性感具有塑造力量的话语权利。分析权力如何通过时尚对身体进行限制和塑造；男性视角如何将女性定位为“他者”，将性感赋予女性，并使其成为女性自觉的追求；以及由大众媒体集中体现的话语权利的集合。

本书终于告一段落的时候，我看着窗外初升的太阳，回想一个一个不眠的夜晚，心中真是百感交集。遥望过去种种，我最想表达的是内心中的感激，因为在本书完成的过程中我得到了师友们太多的帮助和鼓励。

首先我要感谢我的博士生导师刘清平教授。本书是在刘老师的指导下完成的，从选题、构思、表达，到具体的语言文字，恩师都给予了我细心的指导。恩师严谨的学术态度和治学精神，令我非常钦佩，也是我今后学习的榜样。此外，我要感谢严春友老师、方珊老师、刘成纪老师、黄文杰老师。感谢各位老师对本书提出了许多宝贵而中肯的意见和建议。各位老师的指导和帮助令我受益匪浅。

本书出版完成之际，我还要感谢所有支持我科研工作的人们。感谢家人一直对我的支持，感谢一路走来的各位良师益友。在北京师范大学美学专业攻读博士的时光，是我人生最美好的回忆。

此书出版得到“2017 年上海市哲学社会科学规划教育学一般项目（A1713）”“2015 年上海市学校艺术科研一般项目（C63）”“上海第二工业大学青年教师培养科研重点项目”“上海第二工业大学公共关系学学科建设项目”的资助。谨致谢忱！

最后，谨以此书献给我的祖母！